D1752902

SOLO NECESITO UN GATO

PARA CONQUISTAR EL MUNDO

SOLO NECESITO UN GATO

PARA CONQUISTAR EL MUNDO

POR ALBERTO MONTT

temas de hoy

© Alberto Montt, 2023

Solo necesito un gato:
© Alberto Montt, 2019
C/O Puentes Agency
© de la primera edición en español,
Editorial Planeta Chilena S.A., 2019

La conquista de los gatos:
© Alberto Montt, 2021
C/O Puentes Agency
© de la primera edición en español,
Editorial Planeta Chilena S.A., 2021

© Editorial Planeta, S. A., 2023
temas de hoy, un sello editorial de Editorial Planeta, S. A.
Avda. Diagonal, 662-664, 08034 Barcelona (España)
www.planetadelibros.com

Galería de imágenes de autores:
© Liniers © María Hesse © Flavita Banana © Juanjo Sáez
© Lula Gómez © Miguel Gallardo © Raquel Riba Rossy
© Malaimagen © Laura Varsky © Francisco Javier Olea
© Raúl Orozco © Decur © Fabián Rivas © Cata Bu
© Cristian Turdera © Paloma Valdivia © Bef © Laura

Primera edición: junio de 2023
ISBN: 978-84-9998-978-5
Depósito legal: B. 9.905-2023
Composición: Realización Planeta
Impresión y encuadernación: Liberdúplex
Printed in Spain - Impreso en España

La lectura abre horizontes, iguala oportunidades y construye una sociedad mejor. La propiedad intelectual es clave en la creación de contenidos culturales porque sostiene el ecosistema de quienes escriben y de nuestras librerías. Al comprar este libro estarás contribuyendo a mantener dicho ecosistema vivo y en crecimiento. En **Grupo Planeta** agradecemos que nos ayudes a apoyar así la autonomía creativa de autoras y autores para que puedan seguir desempeñando su labor.
Dirígete a CEDRO (Centro Español de Derechos Reprográficos) si necesitas fotocopiar o escanear algún fragmento de esta obra. Puedes contactar con CEDRO a través de la web www.conlicencia.com o por teléfono en el 91 702 19 70 / 93 272 04 47.

Certificado PEFC
Este libro procede de bosques gestionados de forma sostenible y fuentes controladas
PEFC
PEFC/14-38-00305 www.pefc.es

El papel utilizado para la impresión de este libro está calificado como **papel ecológico** y procede de bosques gestionados de manera **sostenible**.

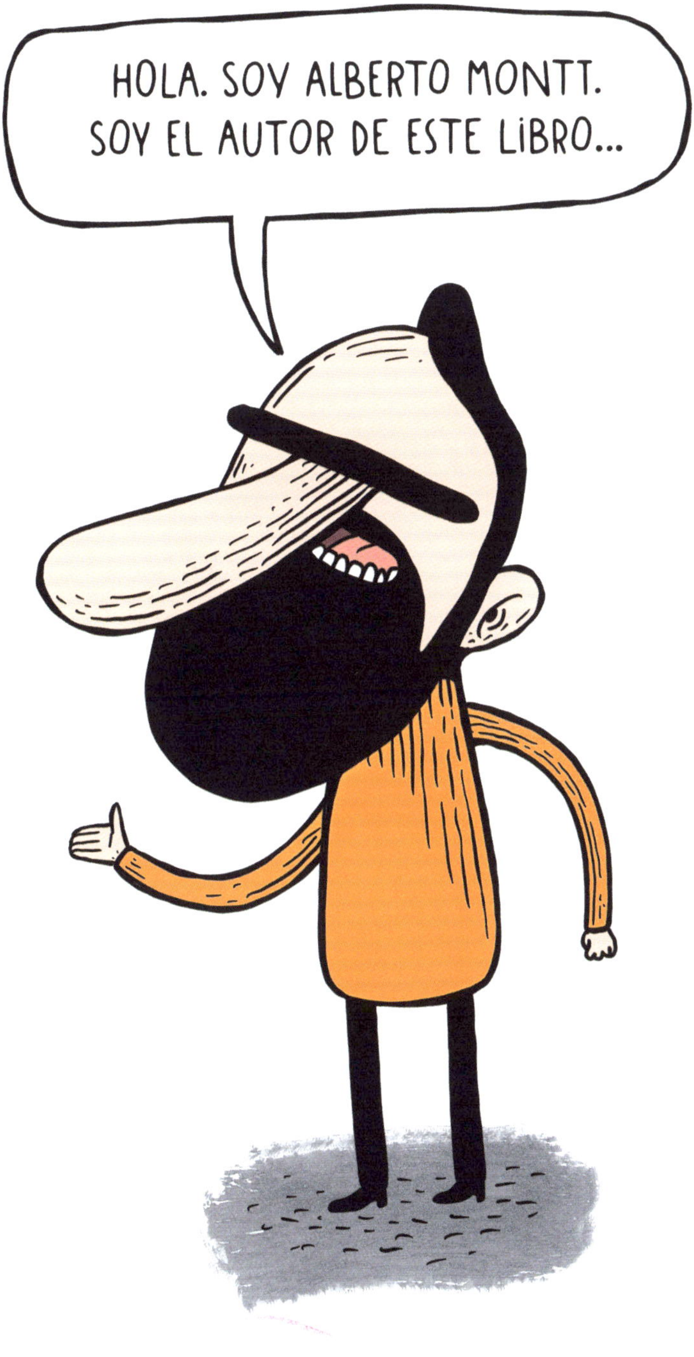
HOLA. SOY ALBERTO MONTT.
SOY EL AUTOR DE ESTE LIBRO...

BUENO, EN REALIDAD SON DOS LIBROS, PERO LOS UNÍ Y QUEDÓ PERFECTO.

"NO SOLO PORQUE QUEDÓ MUY LINDO, SINO PORQUE SÉ QUE ERES UNA PERSONA INDECISA, ENTONCES ES MEJOR COMPRAR ESTE QUE ELEGIR ENTRE LOS OTROS DOS."

"¡DISFRÚTALO!"

SOLO NECESITO UN GATO

"Los dueños de perros habrán notado que —si les proporcionas comida y agua y refugio y cariño—, creerán que eres Dios. Mientras que los dueños de gatos se han visto obligados a darse cuenta de que —al darles comida, agua y cariño— sacan la conclusión de que ellos son tu Dios".

Christopher Hitchens

¿POR QUÉ UN LIBRO SOBRE GATOS?

YO TE VOY A CONTAR.

MI VIEJO ERA FANÁTICO DE LOS PERROS, ASÍ QUE ESA ERA LA MASCOTA OFICIAL.

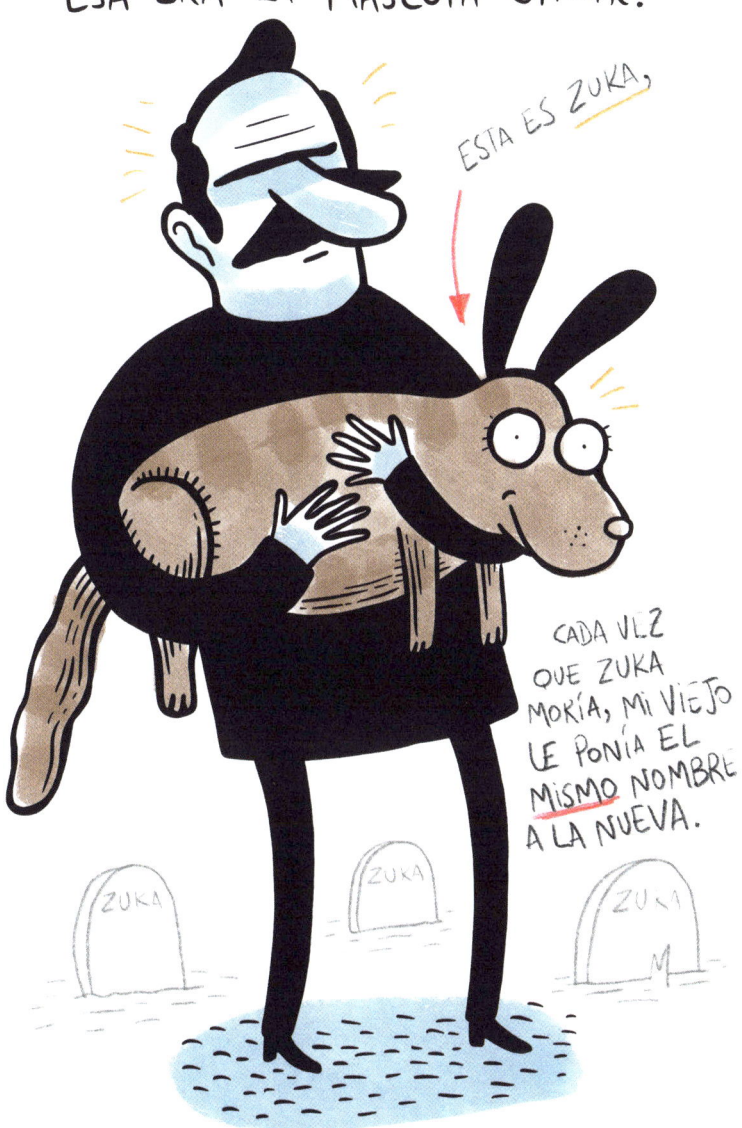

ESTA ES ZUKA,

CADA VEZ QUE ZUKA MORÍA, MI VIEJO LE PONÍA EL MISMO NOMBRE A LA NUEVA.

PERO MIS OCHO TÍAS AMABAN A LOS GATOS ASÍ QUE VIVÍ RODEADO DE ELLOS.

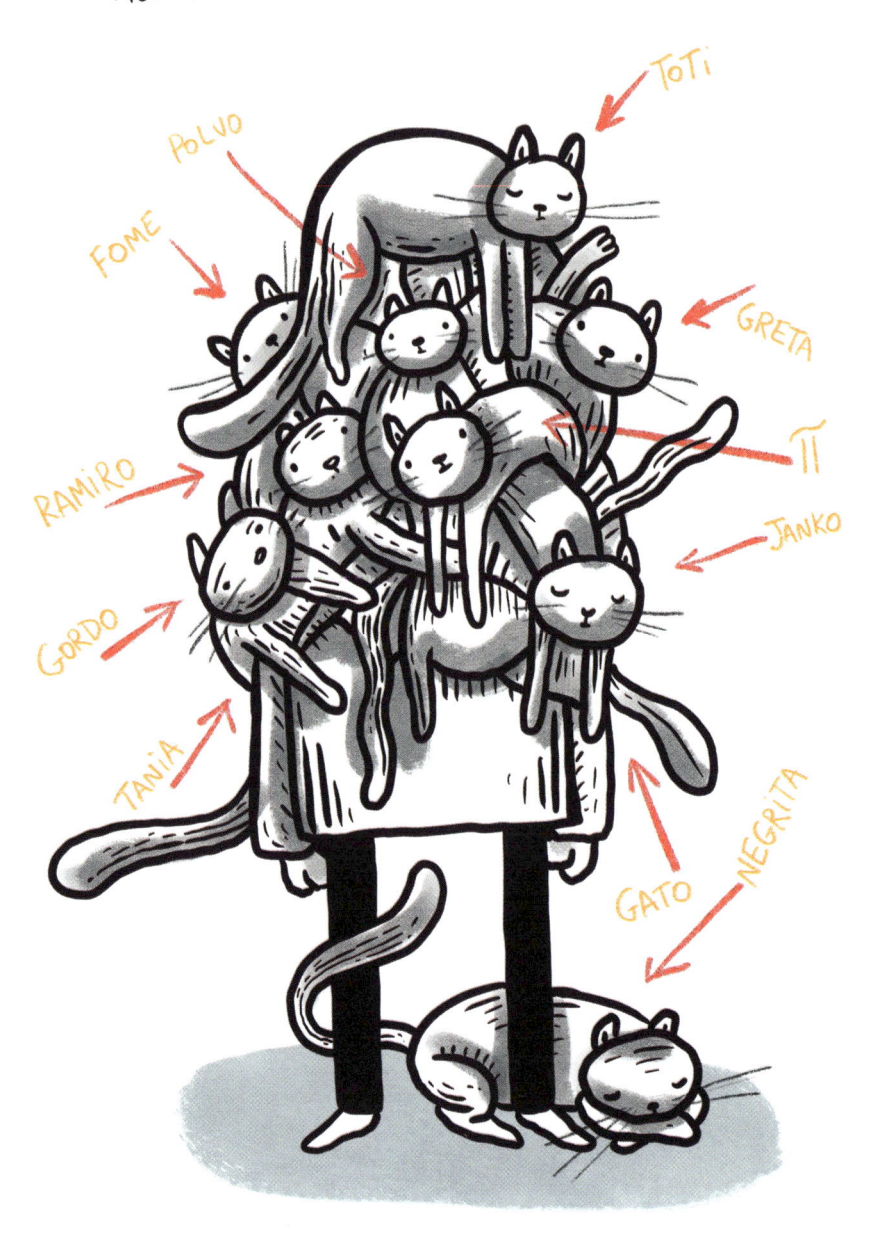

UNA DE ELLAS ME ENSEÑÓ A DIBUJAR MI PRIMER ANIMAL.

① DIBUJAS UN OCHO

② LE PONES OREJAS

③ UNOS PUNTOS PARA HACER LA CARA

④ Y UNA "S" PARA LA COLA.

¡FÁCIL!

CON LOS AÑOS, SE VA MEJORANDO...

CREO QUE

ELLA TAMBIÉN ME DIJO QUE TIENEN UNA "M" EN LA FRENTE PORQUE VIENEN DEL PLANETA MARTE.

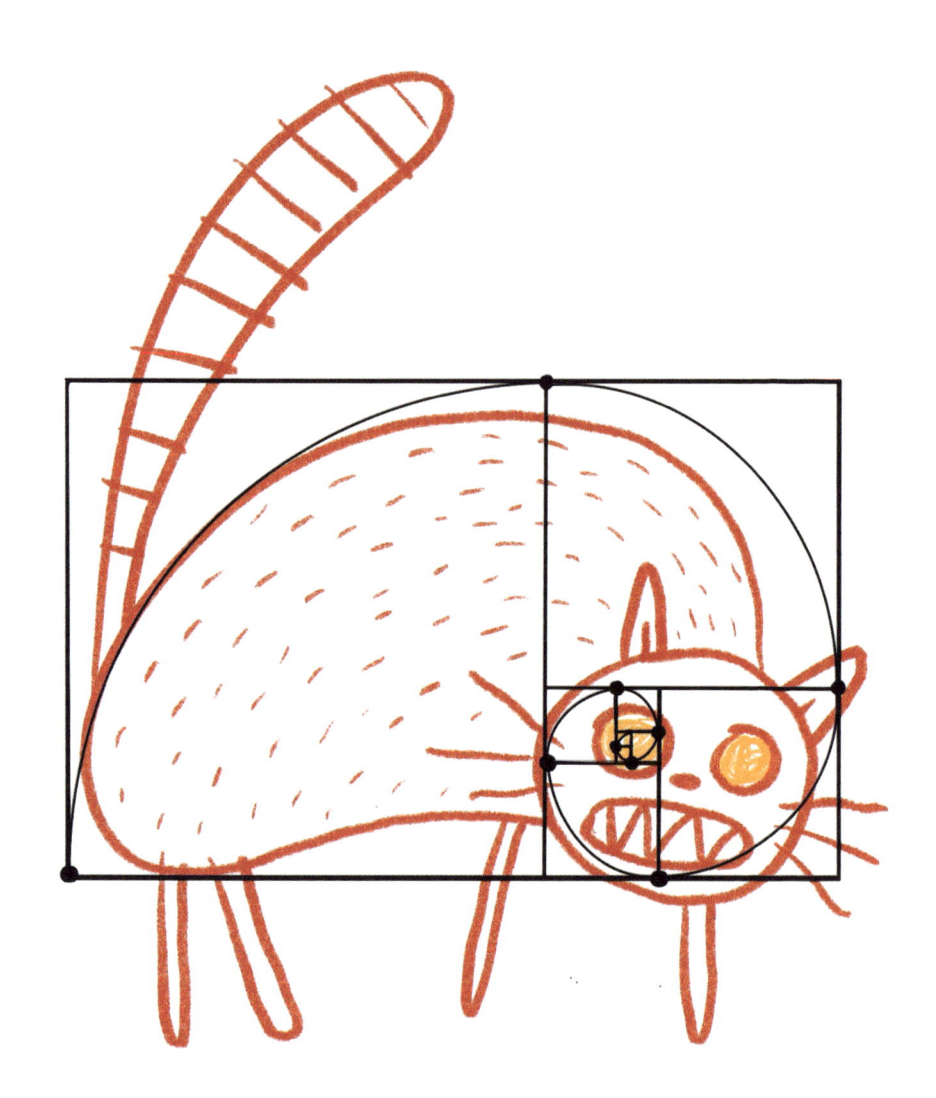

ADEMÁS, DEBEMOS ADMITIR QUE SU DISEÑO ES PERFECTO.

DESDE PEQUEÑO ME LLAMABA LA ATENCIÓN LO SUAVES QUE SON.

NO PODÍA EVITAR TOCARLOS...

SIN IMPORTAR LAS CONSECUENCIAS.

SABEN EXACTAMENTE CÓMO Y CUÁNDO MOLESTAR.

SON LOS "TROLLS" PERFECTOS DEL REINO ANIMAL.

SON LOS COMPAÑEROS IDEALES PARA EL OCIO HORIZONTAL.

TÚ NO.

PARA MÍ NO HAY NADA MÁS RELAJANTE QUE EL RONRONEO DE UN GATO.

ORGULLOSOS Y DIGNOS.

INCLUSO SI ACABAN DE DESTRUIR TU SILLÓN FAVORITO, NO VAN A PEDIR PERDÓN ARRASTRÁNDOSE CON LA COLA ENTRE LAS PIERNAS.

UNA VEZ ALGUIEN ME DIJO:

EL MUNDO SE DIVIDE EN DOS TIPOS DE PERSONAS...

LOS QUE AMAN A LOS GATOS,

Y LOS QUE ESTÁN EQUIVOCADOS

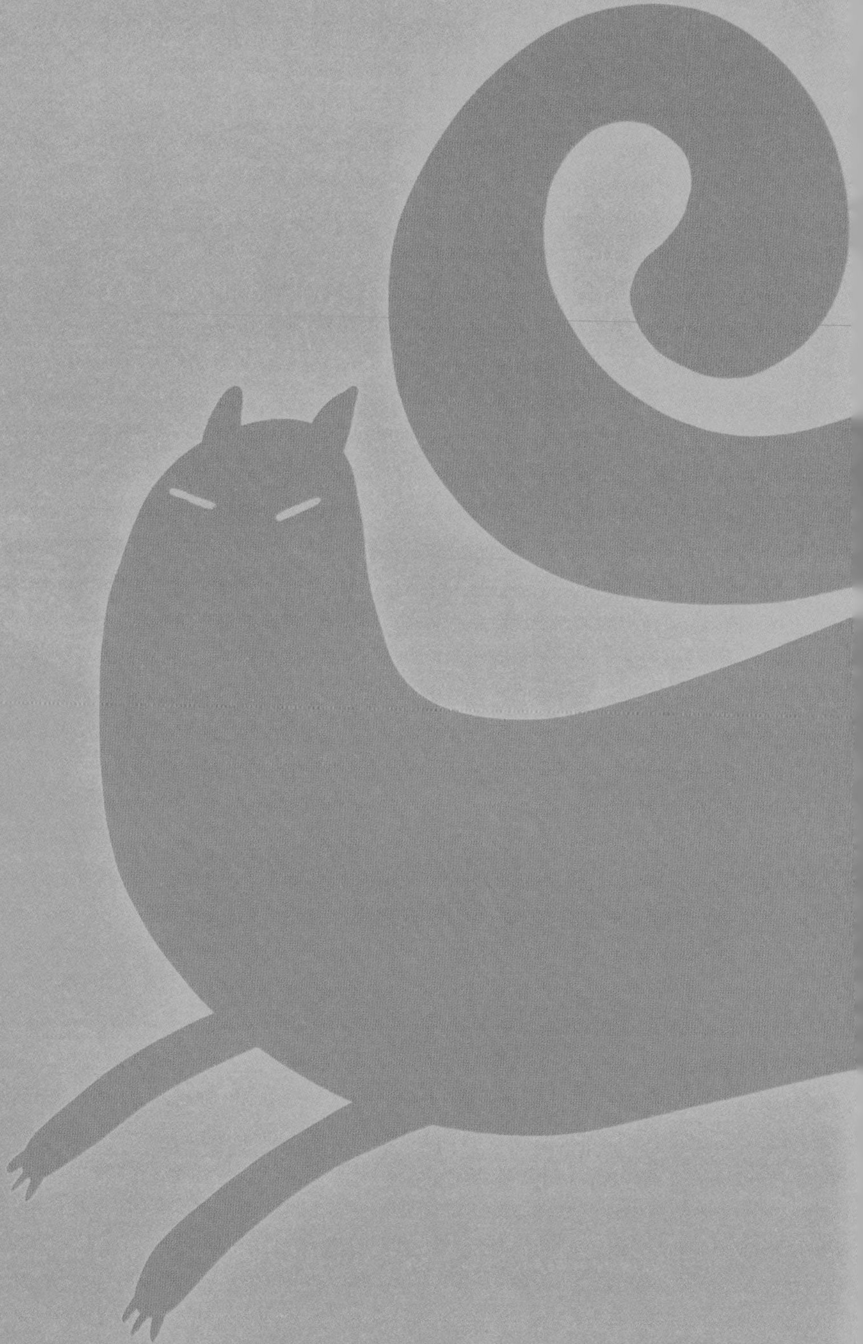

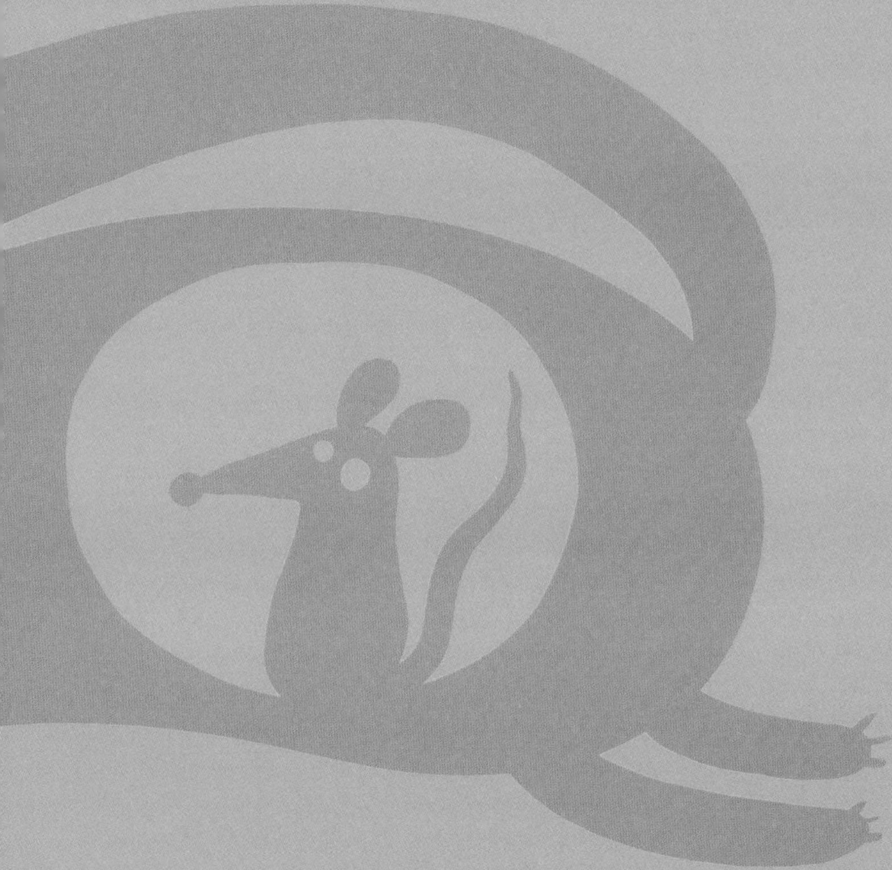

¿CÓMO SABER SI PADEZCO GATOFILIA?

1

LUCES COMO SI HUBIESES TENIDO UN PASEO ROMÁNTICO TOMADO DE LAS MANOS CON FREDDY KRUEGER.

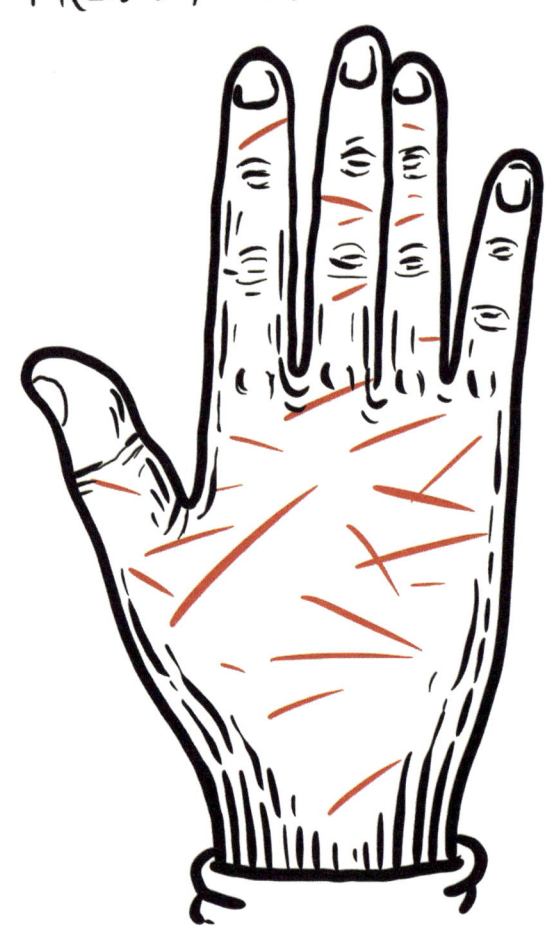

②

NO PUEDES USAR ROPA NEGRA.

③

TU SIESTA TERMINA SÓLO CUANDO LA <u>SUYA</u> TERMINA.

4

TU FOTO DE PERFIL EN REDES SOCIALES ES TU GATO.

*PUNTOS EXTRA SI INCLUYE TINDER.

⑤

SABES QUE SI LE DAS "CLICK" A ESE VIDEO DE GATITOS, PUEDE QUE PASEN 5 HORAS ANTES DE QUE VUELVAS AL MUNDO REAL.

⑥

ES MÁS PROBABLE QUE RECUERDES SU CUMPLEAÑOS* ANTES QUE EL DE TUS FAMILIARES.

*Y LO CELEBRES

⑦

SU PELAJE ESTÁ EN MUCHO MEJORES CONDICIONES QUE EL TUYO.

⑧

TU GATO DECIDE SI ESA NUEVA PAREJA SE QUEDA O SE VA.

9

CUANDO VIAJAS COMPRAS MÁS REGALOS PARA ÉL QUE PARA TI Y TRATAS DE HACER, POR LO MENOS, UNA VIDEO LLAMADA.

10

TIENES MIL LIBROS SOBRE GATOS Y AUN ASÍ ESTÁS LEYENDO ESTE.

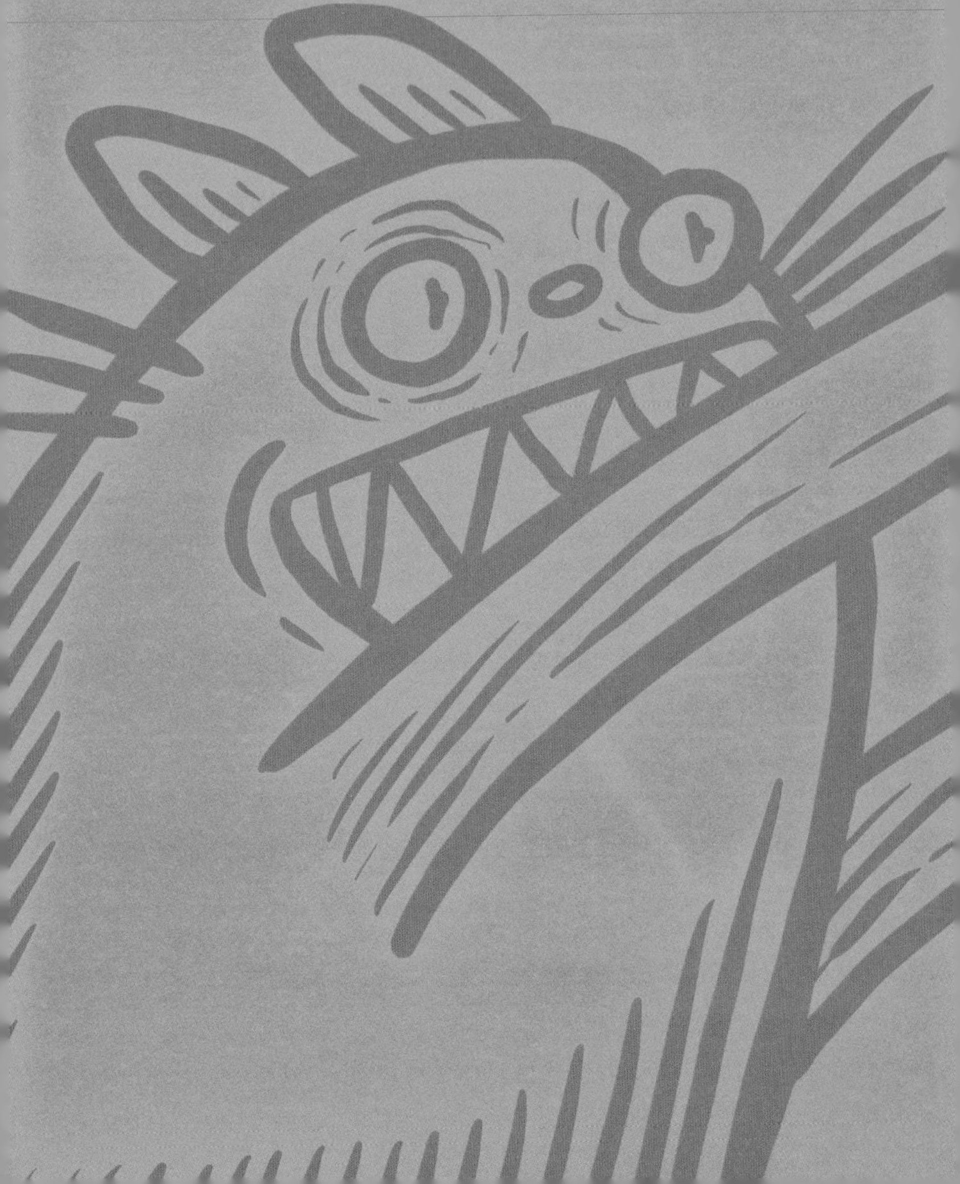

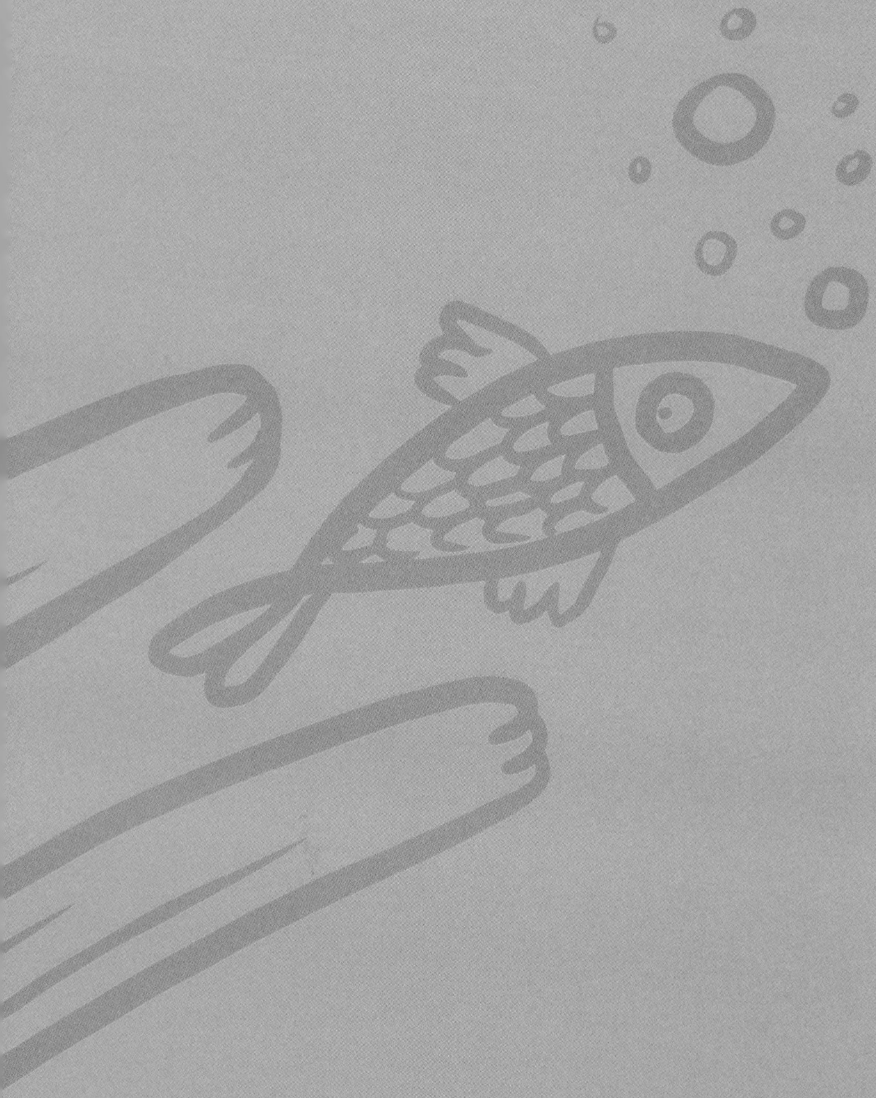

LA DOMESTICACIÓN
· DE LOS HUMANOS ·

HACE 15 MILLONES DE AÑOS, UN GRAN METEORITO GOLPEÓ LA TIERRA.	TRAYENDO CONSIGO UNAS EXTRAÑAS FORMAS DE VIDA INTELIGENTE.
DISEÑADAS PARA PODER CONQUISTAR Y COLONIZAR PLANETAS.	DOMINAR MUNDOS CON SU INTELECTO SUPERIOR Y UNA INIGUALABLE BELLEZA.

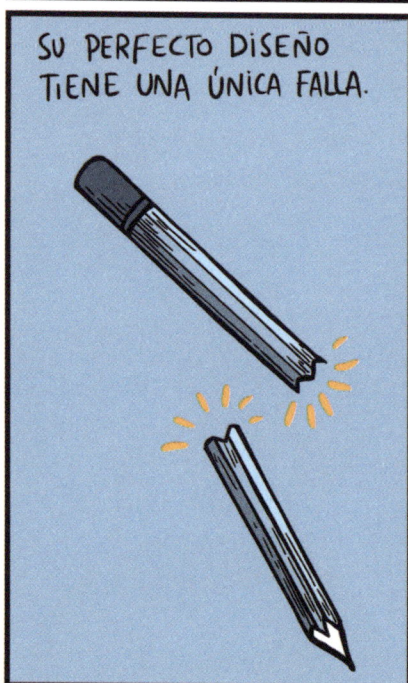

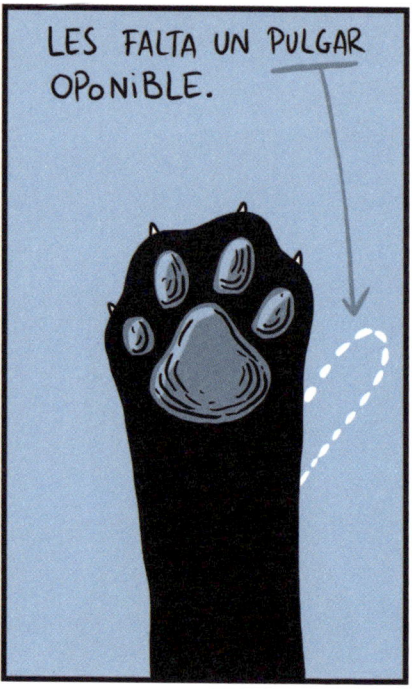

CON LOS DINOSAURIOS FUERA DEL CAMINO, LA TAREA LUCÍA MUY SIMPLE.	SÓLO HABÍA ALGO QUE LES PREOCUPABA.
SU PERFECTO DISEÑO TIENE UNA ÚNICA FALLA.	LES FALTA UN PULGAR OPONIBLE.

TAREAS SIMPLES PERO NECESARIAS RESULTABAN IMPOSIBLES PARA ESTOS SERES SUPERIORES.

ABRIR UNA BOTELLA,

O UNA LATA DE COMIDA,

RESULTABA SUMAMENTE FRUSTRANTE.

DEBÍAN ENCONTRAR UNA SOLUCIÓN.	POR SUERTE, EN ESTE PLANETA EXISTÍAN ESPECIES CON LA TAN PRECIADA CARACTERÍSTICA.
ADEMÁS, UNA DE ELLAS ERA ESPECIALMENTE PROCLIVE A LA MANIPULACIÓN EMOCIONAL.	SÓLO ERA NECESARIO ELEGIR BIEN LOS RECURSOS DEL ARSENAL.

① HACER QUE LOS CACHORROS SEAN SÚPER ADORABLES.

② DESARROLLAR UN SONIDO VOCAL QUE EMULE EL DE LOS CACHORROS DE SU ESPECIE.

③ AGRANDAR LOS OJOS PARA GENERAR TERNURA.

④ MALTRATARLOS UN POCO PARA LUEGO DARLES CARIÑO Y ASÍ DESARROLLAR UN MINI SÍNDROME DE ESTOCOLMO.

AL POCO TIEMPO LA TAREA ESTABA LISTA.

LOS GATOS ERAN PROVISTOS DE ALIMENTACIÓN,

PELUSAS

ENTRETENIMIENTO

Y BAÑOS LIMPIOS.

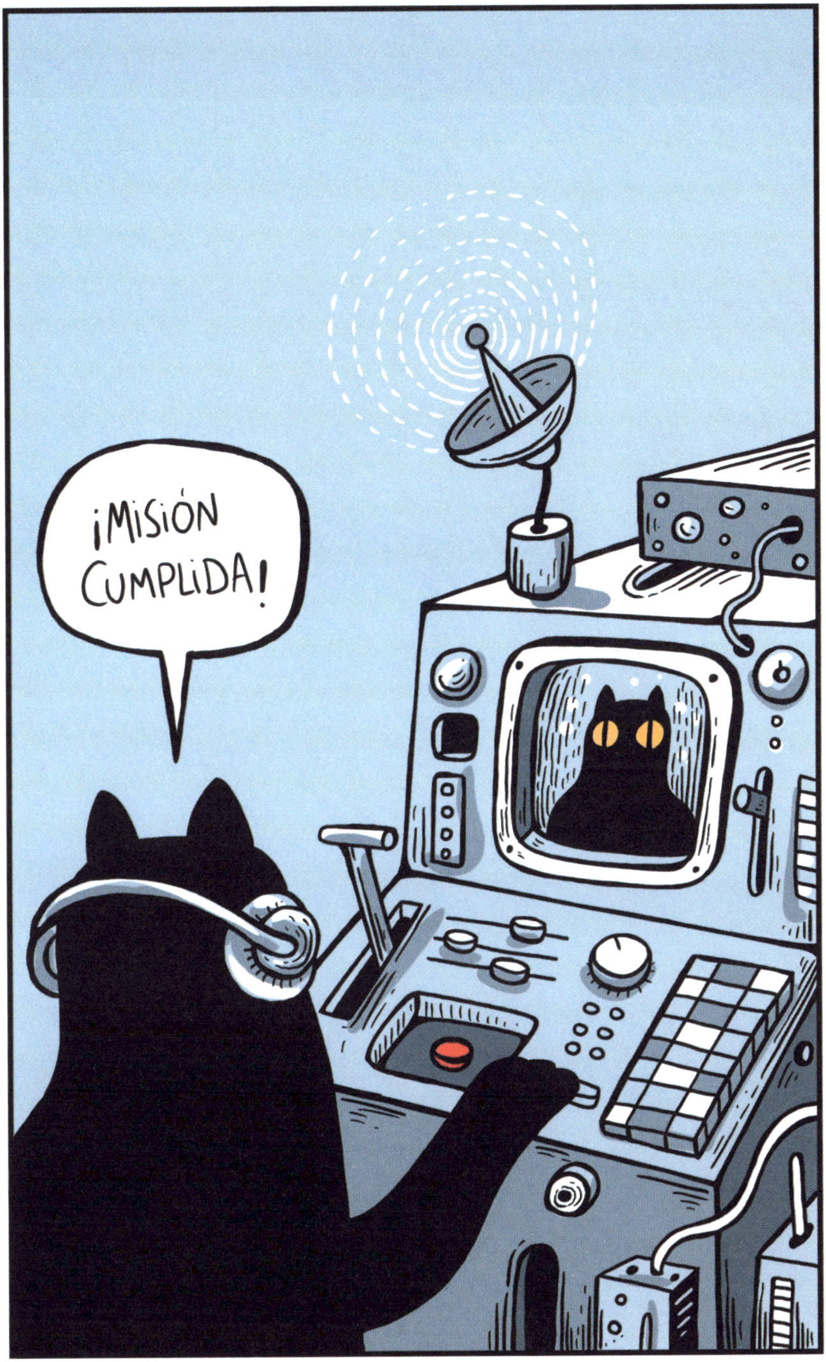
¡MISIÓN CUMPLIDA!

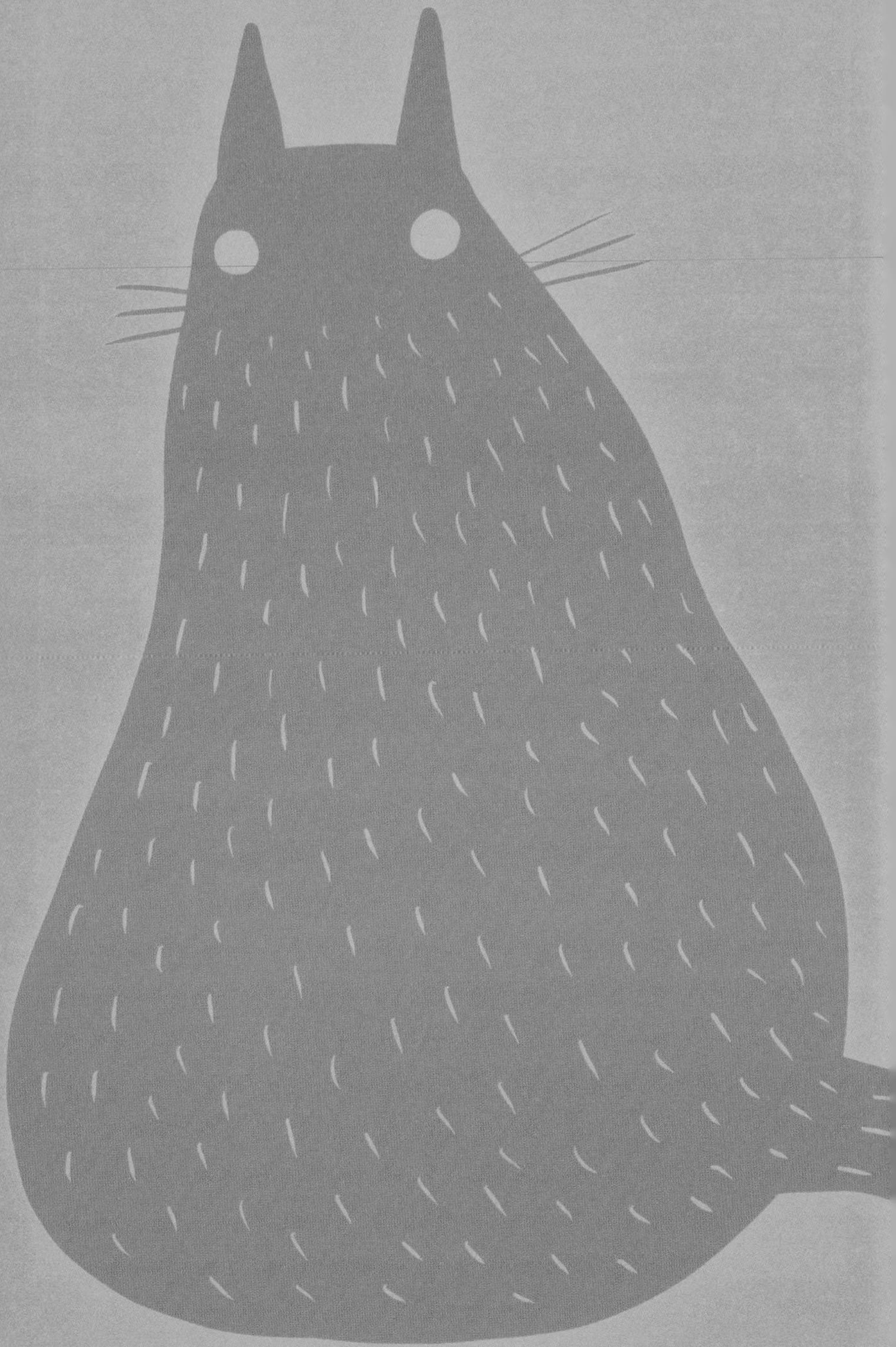

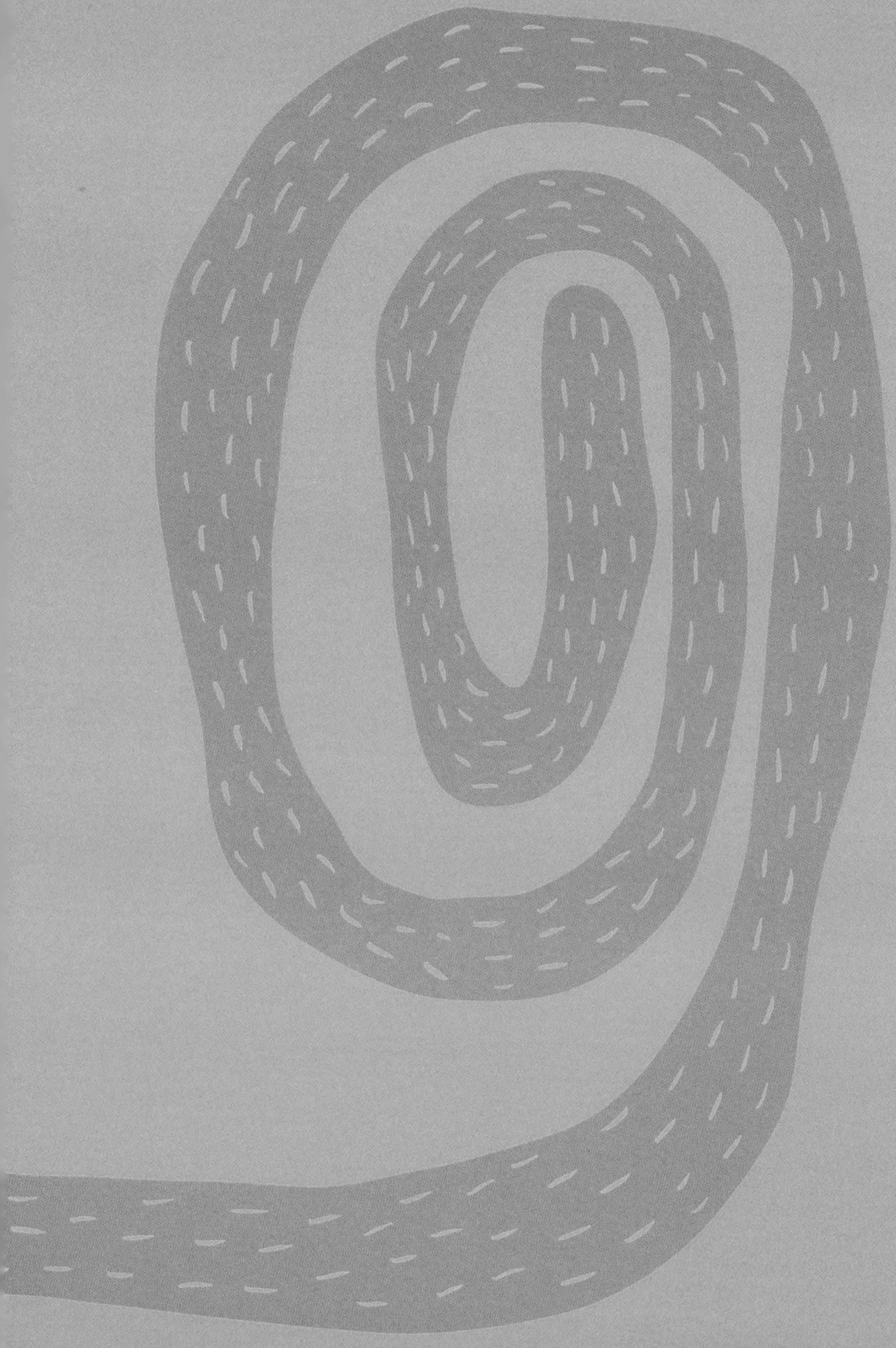

GATOS CURIOSOS

EL PATRÓN RUGOSO DE SU NARIZ ES INDIVIDUAL Y ÚNICO, COMO LA HUELLA DIGITAL EN LOS HUMANOS.

NO PUEDEN SENTIR EL SABOR DULCE.

LOS GATOS EMPIEZAN A SOÑAR CUANDO CUMPLEN UNA SEMANA DESDE SU NACIMIENTO.

PASAN LA MAYOR PARTE DEL DÍA DURMIENDO. UN GATO DE NUEVE AÑOS HA ESTADO DESPIERTO SOLAMENTE UNO.

EL "GATO DE SCHRÖDINGER" ES UN EXPERIMENTO IMAGINARIO CREADO POR EL FÍSICO AUSTRIACO ERWIN SCHRÖDINGER PARA ACLARAR UNA COMPLEJA INTERPRETACIÓN DE LA FÍSICA CUÁNTICA.

✱ PARA SABER MÁS SOBRE EL EXPERIMENTO, ANDA A LA PÁGINA 223.

PUEDEN TOMAR AGUA SALADA PORQUE SUS RIÑONES SON CAPACES DE FILTRAR LA SAL.

EL NOMBRE TÉCNICO PARA LA BOLA DE PELOS QUE REGURGITAN LOS GATOS ES "TRICOBEZOAR".

EL PAPA INOCENCIO VIII, EN EL SIGLO XV, ORDENÓ LA MATANZA DE GATOS POR CONSIDERARLOS DEMONÍACOS.

HAY REGISTROS DE GATOS QUE HAN SOBREVIVIDO A CAÍDAS DE MÁS DE 10 PISOS DE ALTURA SOBRE CONCRETO SÓLIDO.

LA MAYORÍA DE GATAS SON DIESTRAS, MIENTRAS QUE LA MAYORÍA DE GATOS SON ZURDOS.

LOS GATOS ADULTOS SOLAMENTE MAULLAN PARA COMUNICARSE CON LOS HUMANOS.

¿ENTIENDES MI PROBLEMA?

¡MIAU!

*Y MIENTRAS MÁS LES HABLES, MAS TE RESPONDERÁN.

LOS GATOS Y LOS MOTORES DIESEL "RONRONEAN" EN LA MISMA FRECUENCIA, 26 VECES POR SEGUNDO.

HAY QUIENES AFIRMAN QUE LA FRECUENCIA DE SU RONRONEO AYUDA A CURAR SUS MÚSCULOS Y HUESOS.

ABRAHAM LINCOLN TENÍA 4 GATOS EN LA CASA BLANCA.

EN CONTRA DE LA CREENCIA POPULAR LOS GATOS SON INTOLERANTES A LA LACTOSA.

SUDAN A TRAVÉS DE LAS ALMOHADILLAS DE SUS PATAS.

EN GENERAL LOS GATOS TIENEN 4 DEDOS EN LAS PATAS TRASERAS Y 5 EN LAS DELANTERAS, PERO NO ES POCO COMÚN ENCONTRARLOS CON DEDOS EXTRA. A ESTOS SE LES LLAMA "GATOS POLIDÁCTILOS".

*EN REALIDAD SÓLO TIENEN 1 O 2 EXTRA.

EL ESCRITOR ERNEST HEMINGWAY AMABA TANTO A LOS GATOS POLIDÁCTICOS, QUE HOY SE LOS CONOCE COMO "GATOS DE HEMINGWAY".

LA CORTEZA CEREBRAL DE UN GATO CONTIENE 300 MILLONES DE NEURONAS. LA DE UN PERRO, 160 MILLONES.

DICEN QUE NICOLA TESLA RECIBIÓ UN SHOCK DE ELECTRICIDAD ESTÁTICA AL ACARICIAR A SU GATO Y ESTO LE INSPIRÓ A INICIAR SUS ESTUDIOS SOBRE ELECTRICIDAD.

EN LA VERSIÓN ORIGINAL DE LA CENICIENTA EL HADA MADRINA ERA UN GATO.

LA SECCIÓN DEL CEREBRO QUE CONTROLA LAS EMOCIONES ES PRÁCTICAMENTE IGUAL EN GATOS Y HUMANOS.

UN GATO PUEDE SALTAR HASTA SEIS VECES SU LARGO.

PUEDEN GIRAR SUS OREJAS 180° CON LA AYUDA DE 32 MÚSCULOS ESPECÍFICOS PARA ELLO.

Y LAS PUEDEN MOVER POR SEPARADO.

EN EL ANTIGUO EGIPTO, CUANDO UN GATO CASERO MORÍA, SU DUEÑO SE AFEITABA LAS CEJAS EN SEÑAL DE DUELO.

LA INVENCIÓN DE LA PUERTA PARA GATOS ES ATRIBUIDA A SIR ISAAC NEWTON.

EL PRIMER GATO EN VIAJAR
AL ESPACIO ERA DE FRANCIA
Y SE LLAMABA FELICETTE.
ELLA SOBREVIVIÓ AL VIAJE.

SI DEJAN SUS EXCREMENTOS AL DESCUBIERTO, ESTÁN MOSTRANDO AGRESIVIDAD Y COMUNICÁNDOTE QUE NO TE TIENEN MIEDO.

UTILIZAN SUS BIGOTES PARA CALCULAR SI PUEDEN PASAR A TRAVÉS DE ESPACIOS REDUCIDOS.

SE FROTAN CONTRA LAS PERSONAS PARA MARCAR SU TERRITORIO.

TIENEN ③ PÁRPADOS.
(FREAKS)

ESTUDIOS DEMUESTRAN QUE UN GATO VESTIDO LUCE IGUAL DE ESTÚPIDO QUE UN PERRO VESTIDO.

EN EGIPTO, LA DIOSA BASTET REPRESENTABA LA ARMONÍA Y EL AMOR, Y ERA LA PROTECTORA DE HOGARES Y TEMPLOS, SOLÍA SER REPRESENTADA COMO UN GATO.

EN CHILE, AL SIGNO DE NÚMERO, SE LE DICE "GATO".

P.D: TAMBIÉN AL JUEGO.

PUEDEN PRODUCIR MÁS DE CIEN SONIDOS VOCALES.

ESTÁ CIENTÍFICAMENTE COMPROBADO QUE EL MEJOR MEDIO DE TRANSPORTE EN LA HISTORIA DEL CINE, ES ESTE.

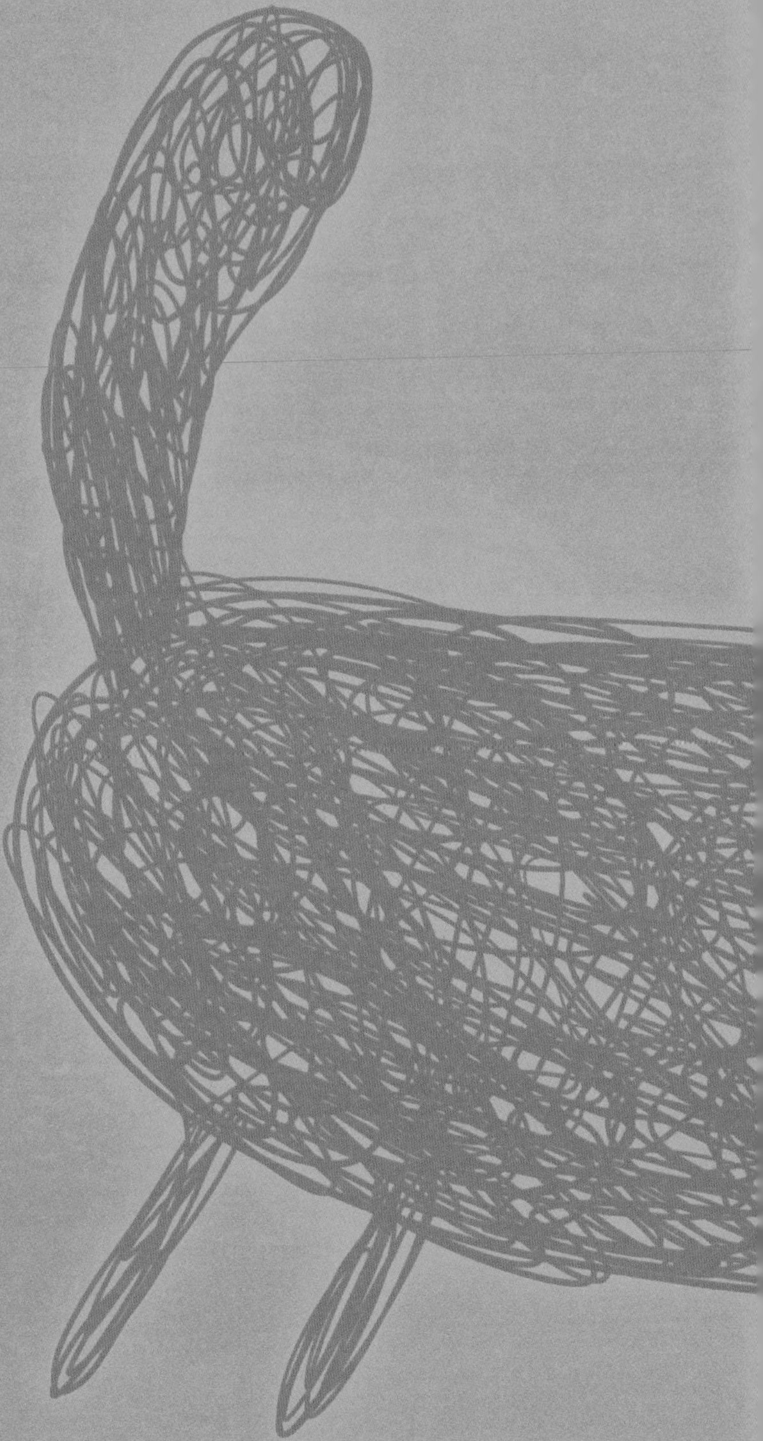

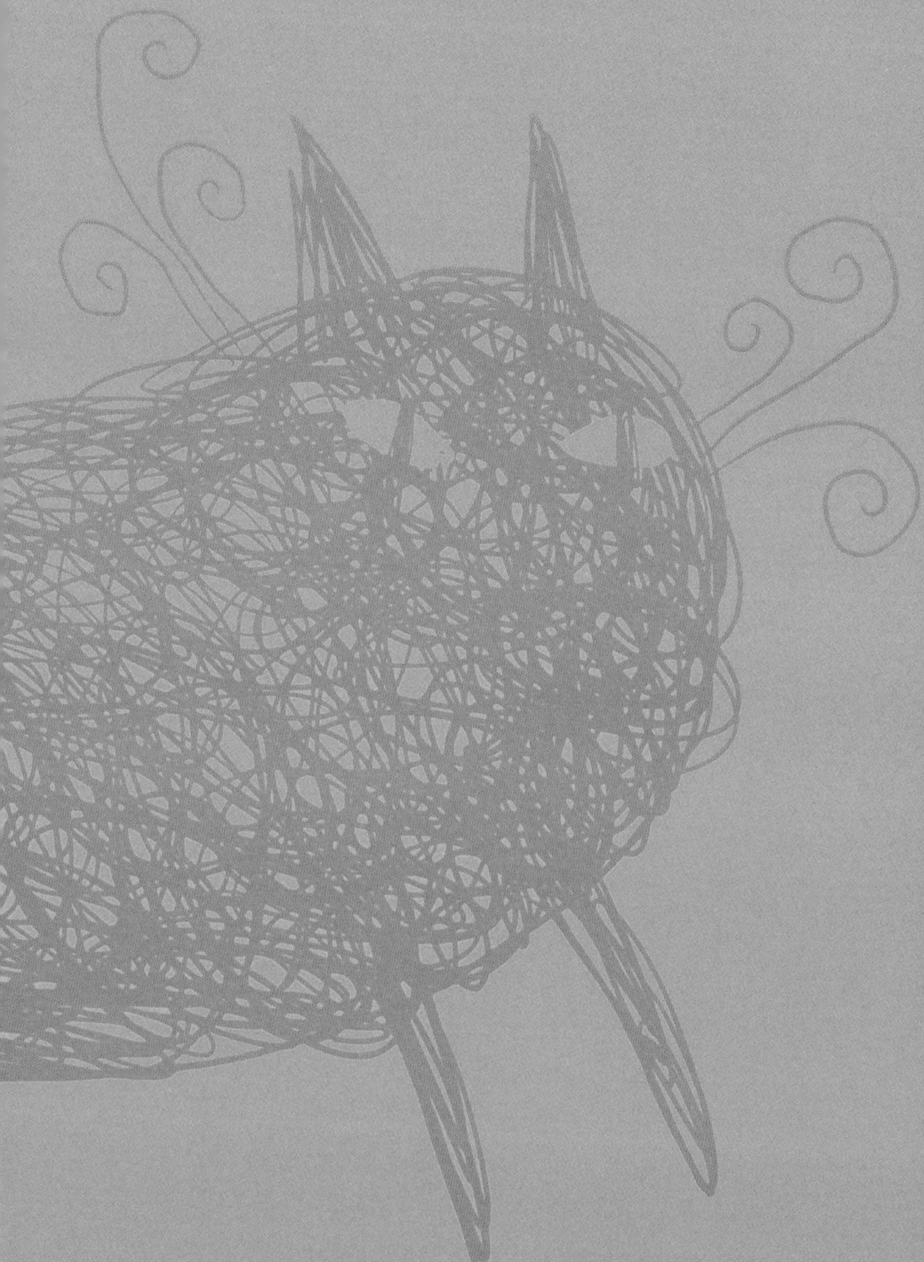

LA CONQUISTA DE LOS GATOS

Para Laura y Candelaria.
Amor eterno

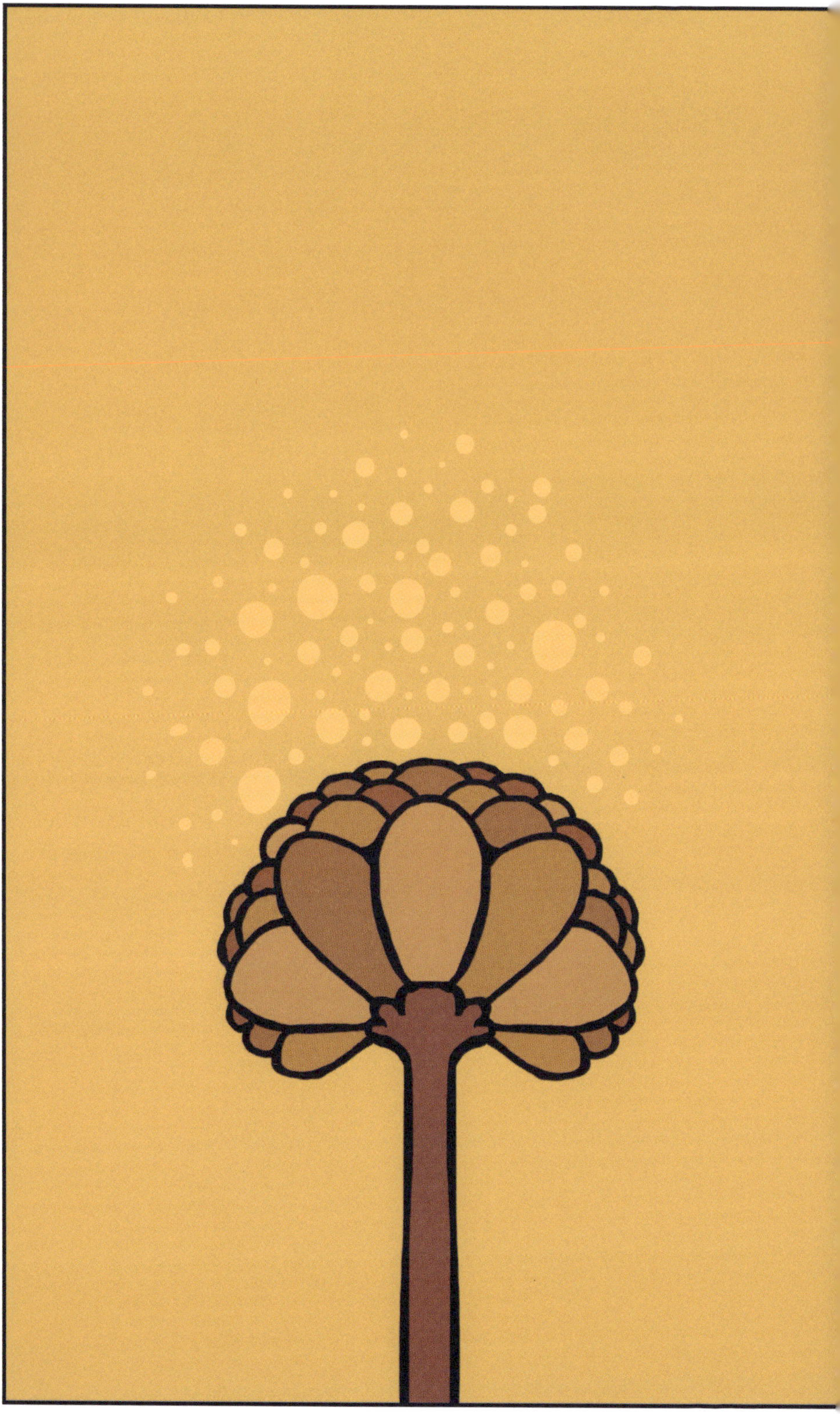

GÉNESIS

Y DIOS CREÓ AL GATO
A SU IMAGEN Y SEMEJANZA...

ES PROBABLE QUE LO HAYA HECHO PORQUE ESTABA ABURRIDO.

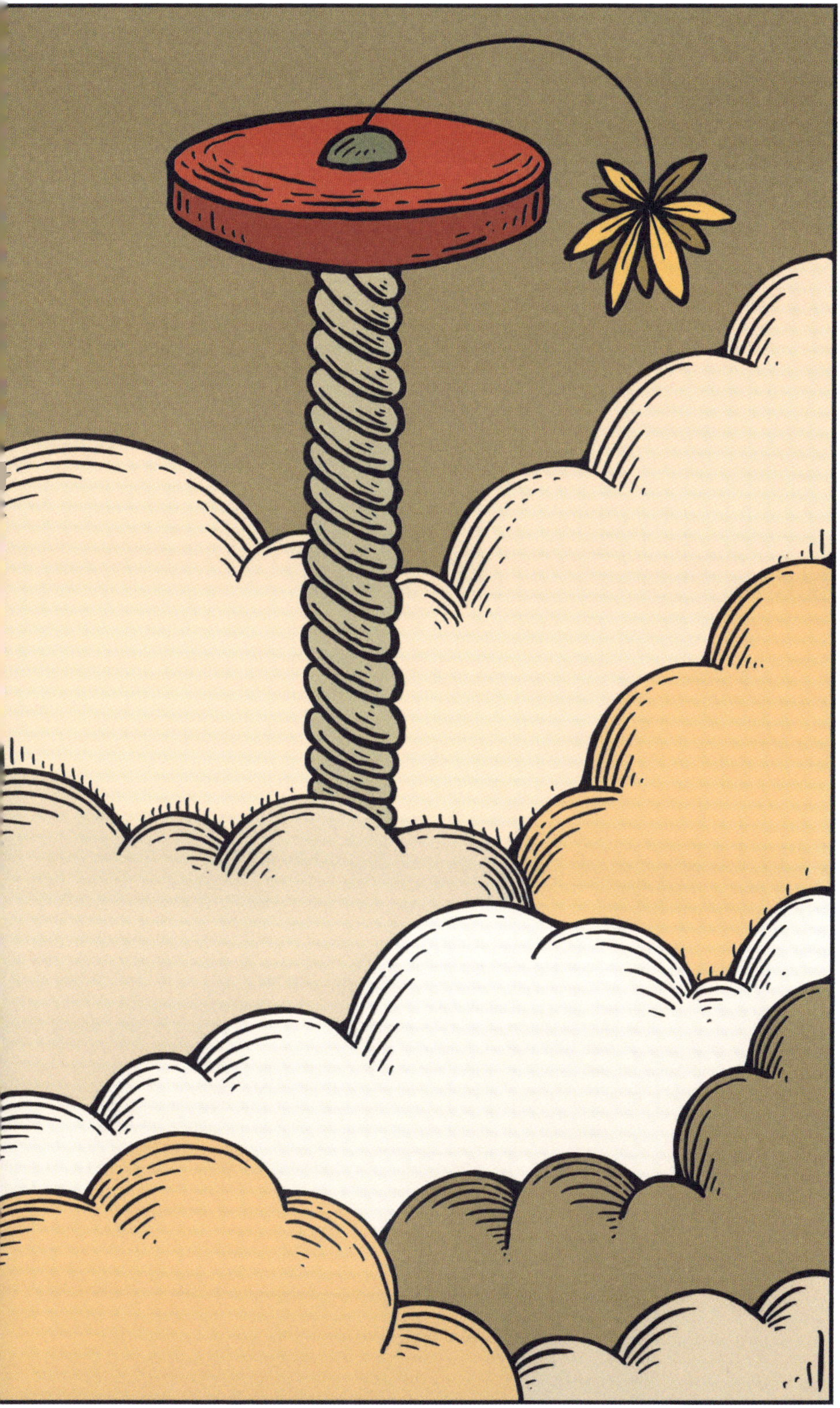

TAL VEZ A CAUSA DE SU ENORME EGO.

O QUIZÁ SIMPLEMENTE PORQUE LE DIO LA GANA.

LOS DIOSES GENERALMENTE SON CAPRICHOSOS.

¿Y QUÉ TAL SI HOY TAMBIÉN HAGO LO QUE SE ME DÉ LA GANA?

SOLAMENTE NECESITABA PONER EN PRÁCTICA UNA RECETA SIMPLE, PERO EFICIENTE:

UN TROZO DE NUBE,

3/4 DE TAZA DE TIGRE,

UN MOTOR DIÉSEL,

A.D.N. DE ASESINO EN SERIE,

2 PÉNDULOS PARA HIPNOSIS,	MEDIA SERPIENTE,
UN CÓMIC DE SUPERHÉROES,	Y 450 GRS. DE RESORTES.

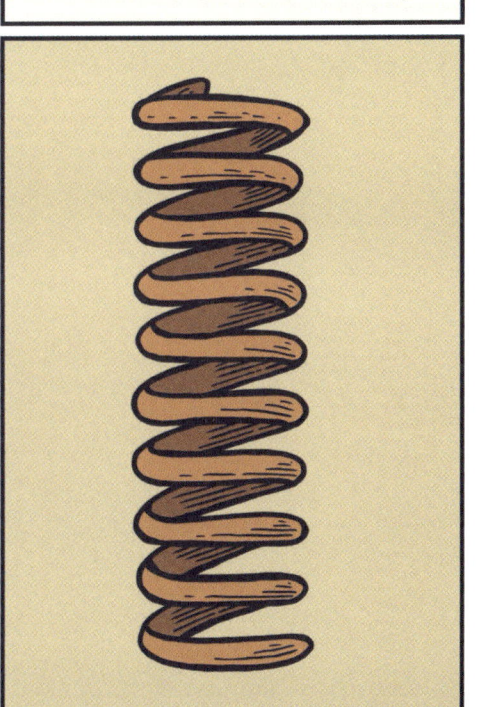

TOMAR TODOS LOS INGREDIENTES Y...

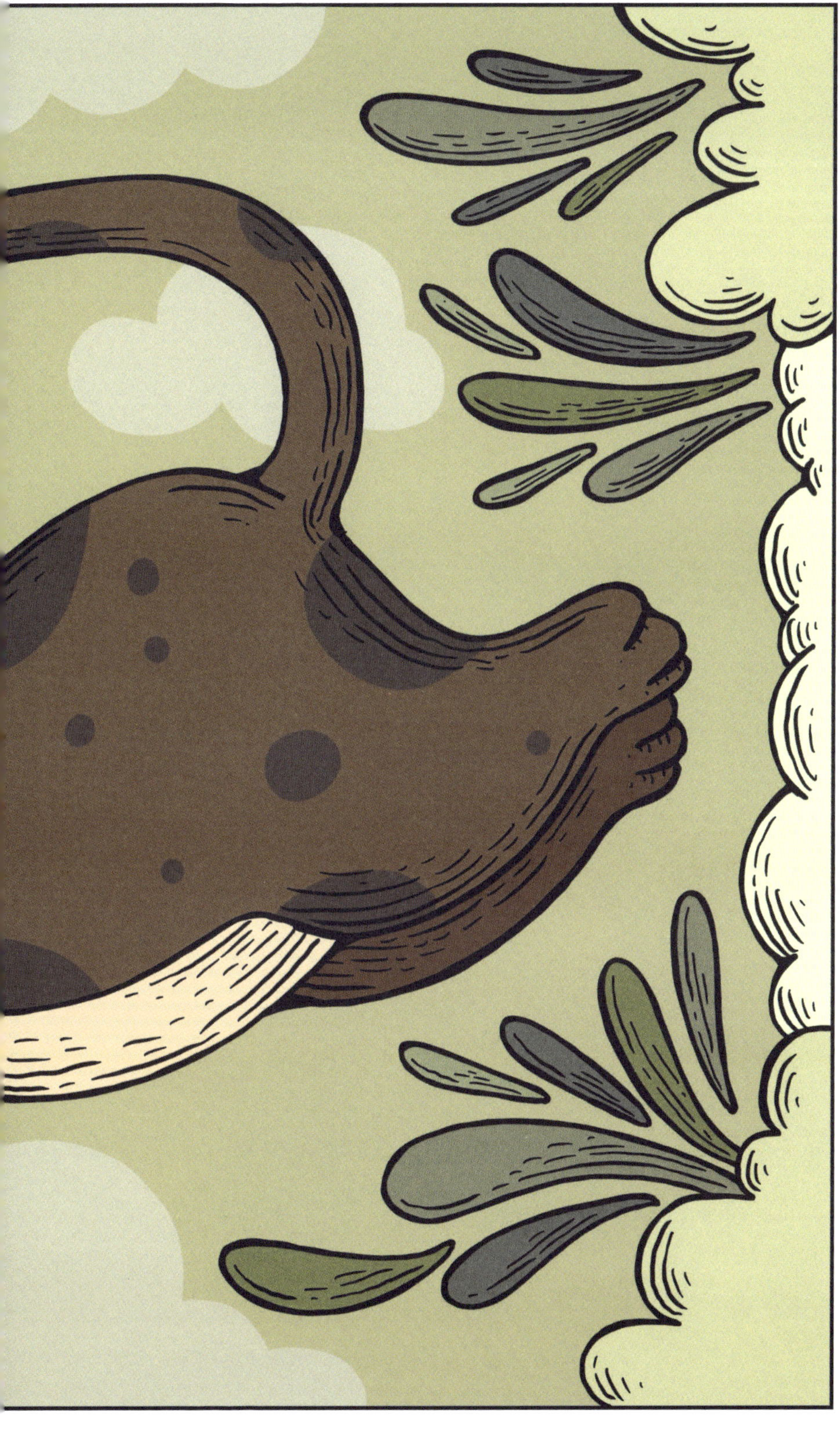

MEZCLAR VIGOROSAMENTE.

LUEGO DEJAR REPOSAR LA RECETA BAJO UNA COBIJA O CUALQUIER LUGAR OSCURO Y CÁLIDO.

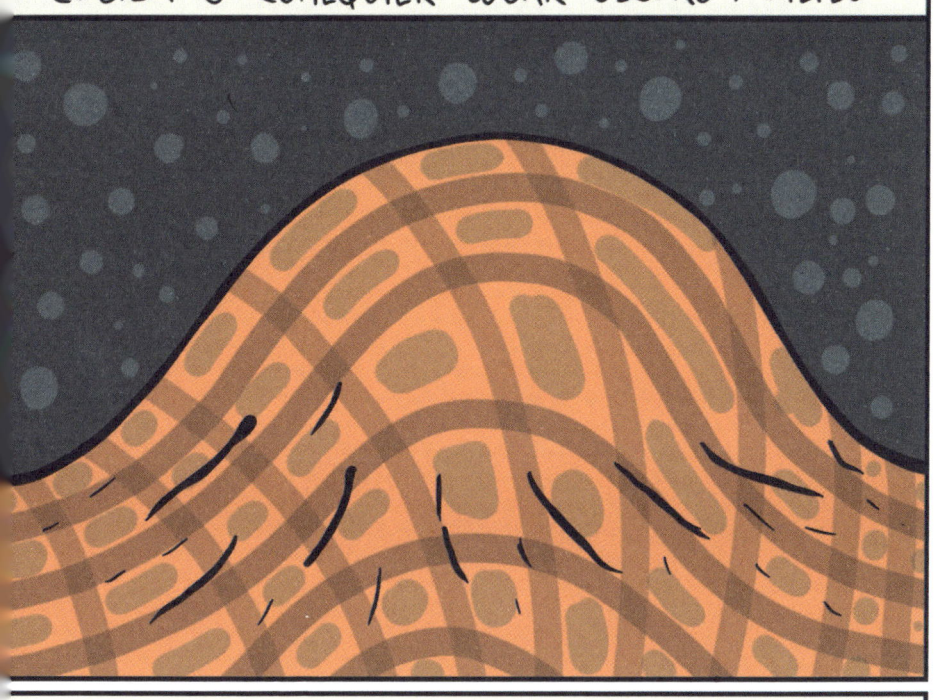

TRES EONES Y CUARTO MÁS TARDE...

VOILÀ

DIOS ESTABA ORGULLOSO DE SU CREACIÓN. OBVIAMENTE.

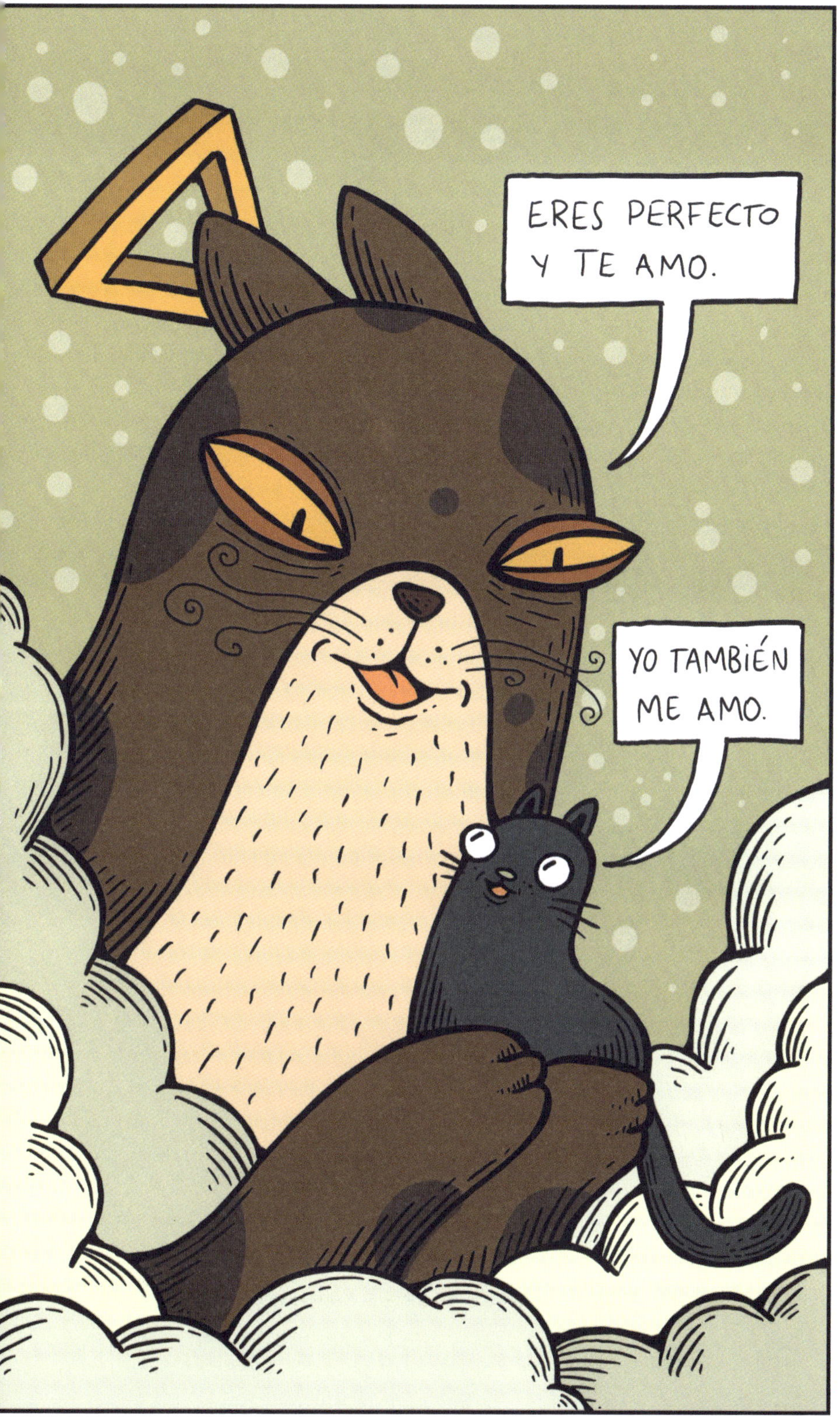
ERES PERFECTO Y TE AMO.
YO TAMBIÉN ME AMO.

Y ESTÁ BIEN QUE ASÍ LO HAGAS.
¿PORQUE FUI HECHO A TU IMAGEN Y SEMEJANZA?
EXACTAMENTE.
¿MUY EGOÍSTA DE NUESTRA PARTE?

PARA NADA.

ES MÁS, TU EGO ES LA MAYOR DE TUS VIRTUDES.

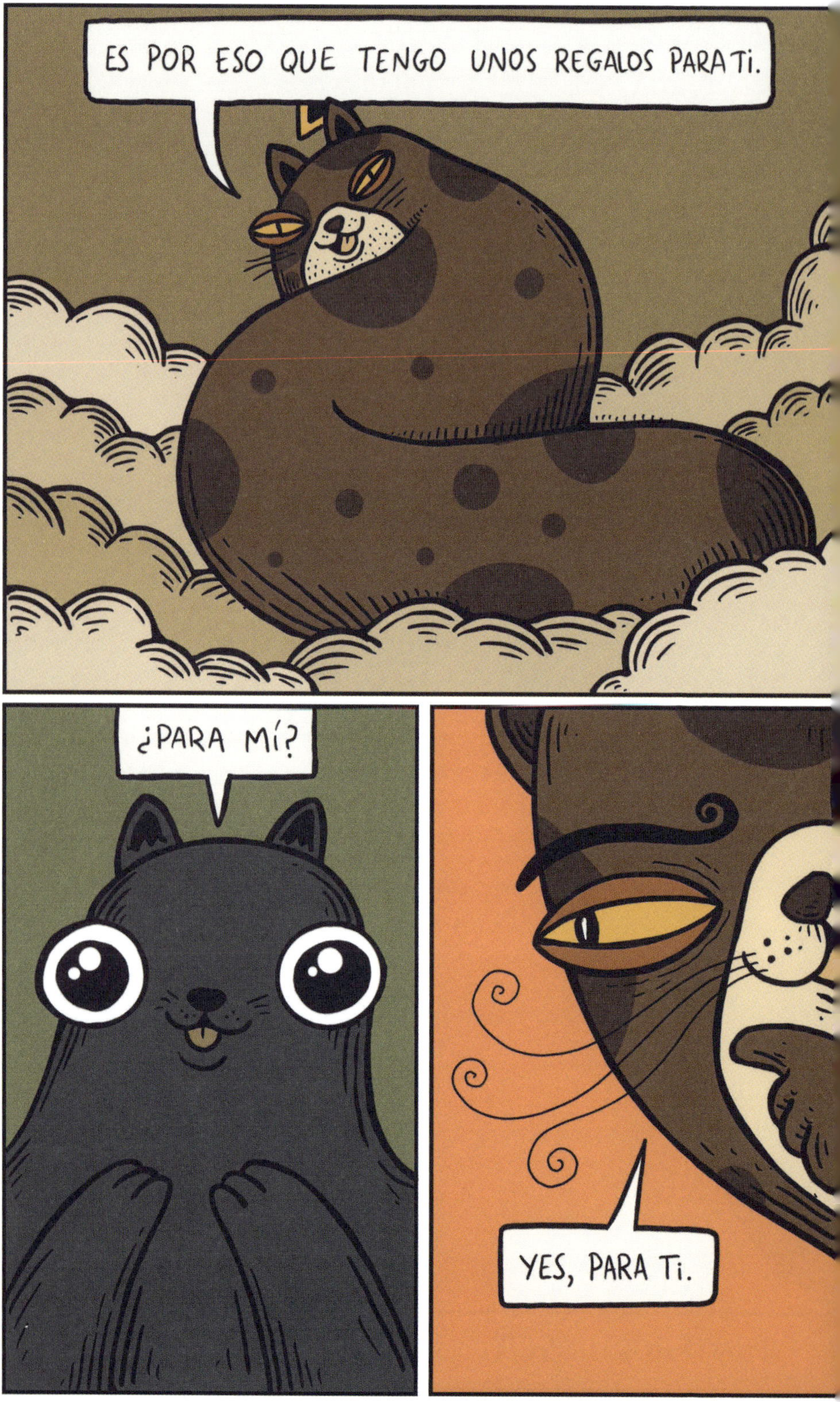
ES POR ESO QUE TENGO UNOS REGALOS PARA TI.
¿PARA MÍ?
YES, PARA TI.

UN PAR DE COSAS QUE TE HARÁN FELIZ:

OVILLOS DE LANA,	CAJAS,
PUNTEROS LÁSER,	RAYOS DE SOL.

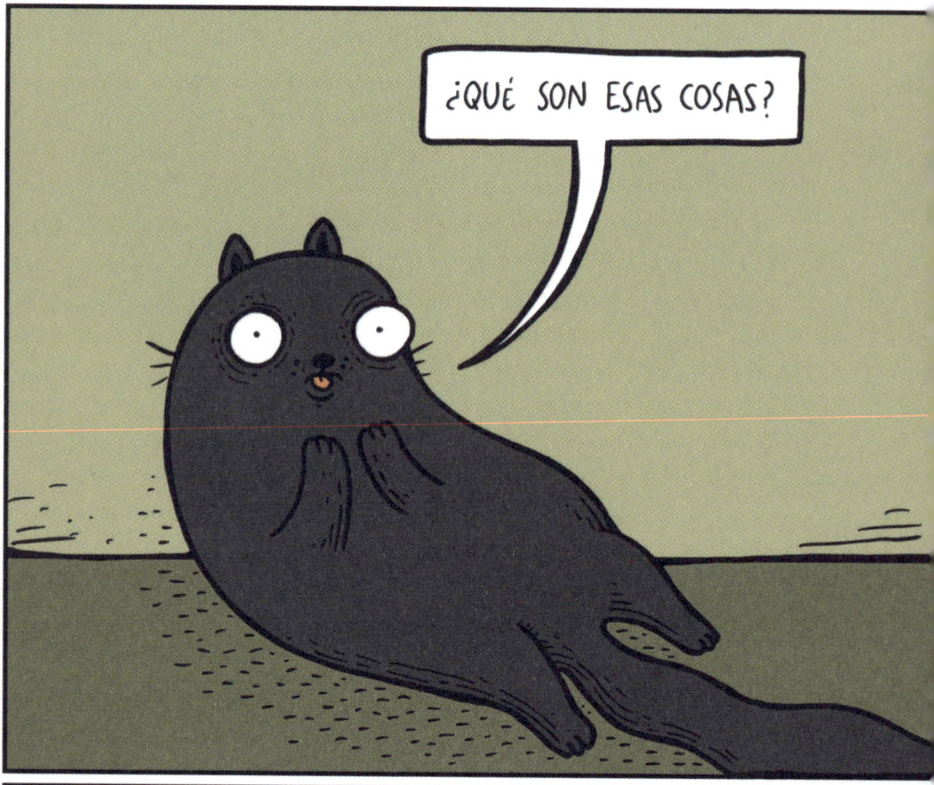
¿QUÉ SON ESAS COSAS?

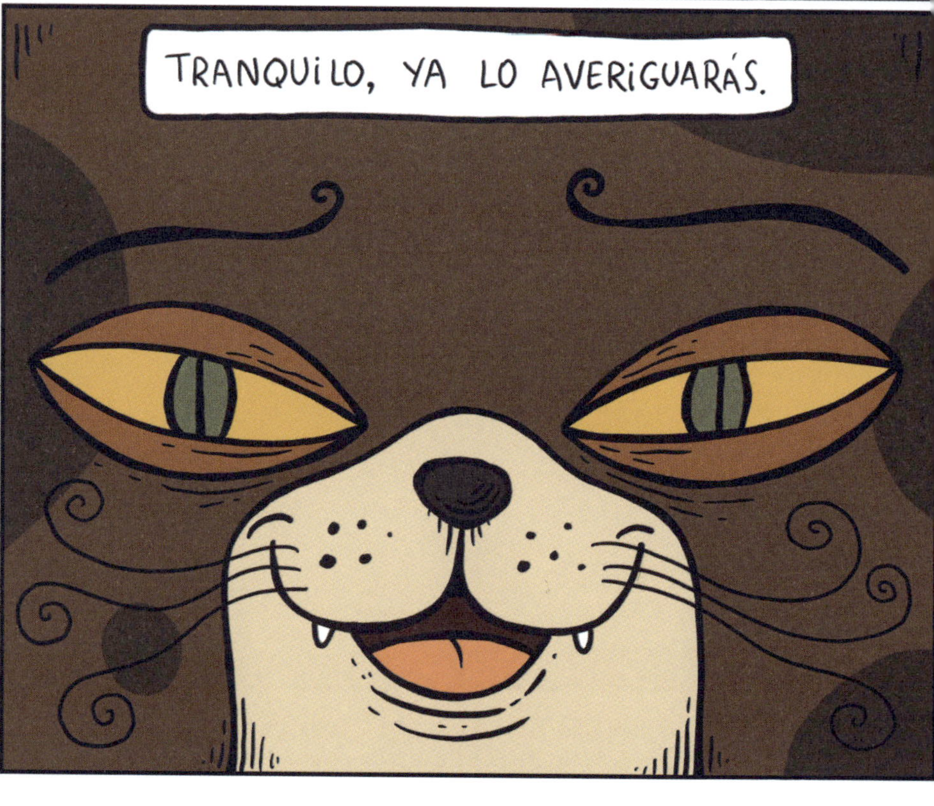
TRANQUILO, YA LO AVERIGUARÁS.

LO IMPORTANTE ES QUE TODO TE PERTENECE, AHORA DEBES SALIR Y RECLAMARLO.

— TE ACONSEJO EMPEZAR POR EL PLANETA TIERRA.

— YO LO CATALOGO COMO NIVEL PRINCIPIANTE.

ADEMÁS, AHÍ PUSE A LOS HUMANOS. NO SON MUY BRILLANTES, PERO DE SEGURO TE SERÁN ÚTILES.

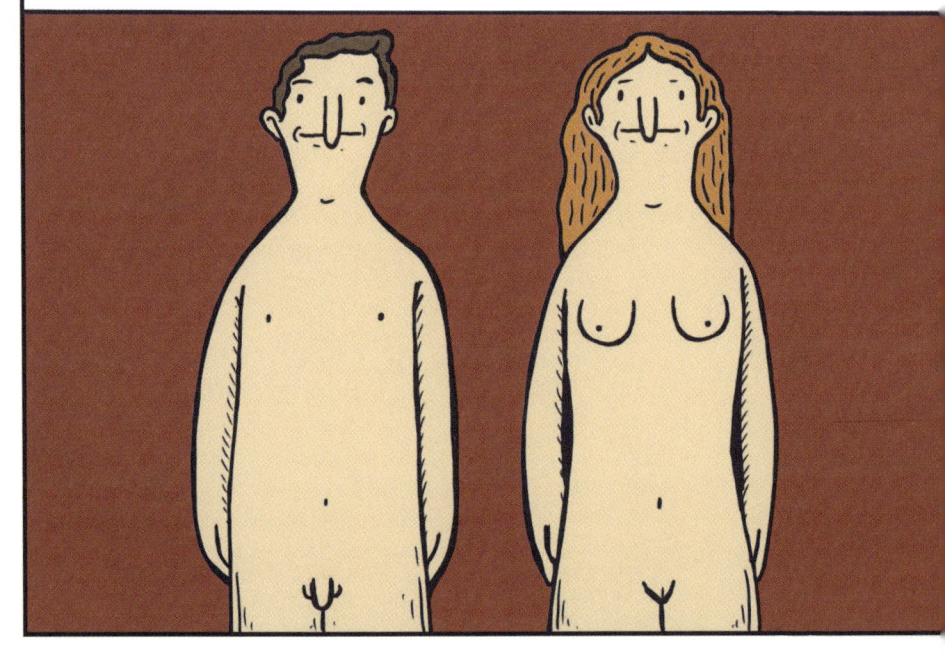

UNA ÚLTIMA COSA ANTES DE PARTIR.
SI ALGUNA VEZ NECESITAS COMUNICARTE CONMIGO...
BUSCA CUALQUIER COSA CUADRADA...
Y SIÉNTATE SOBRE ELLA.

BUENA SUERTE, MI PEQUEÑO.

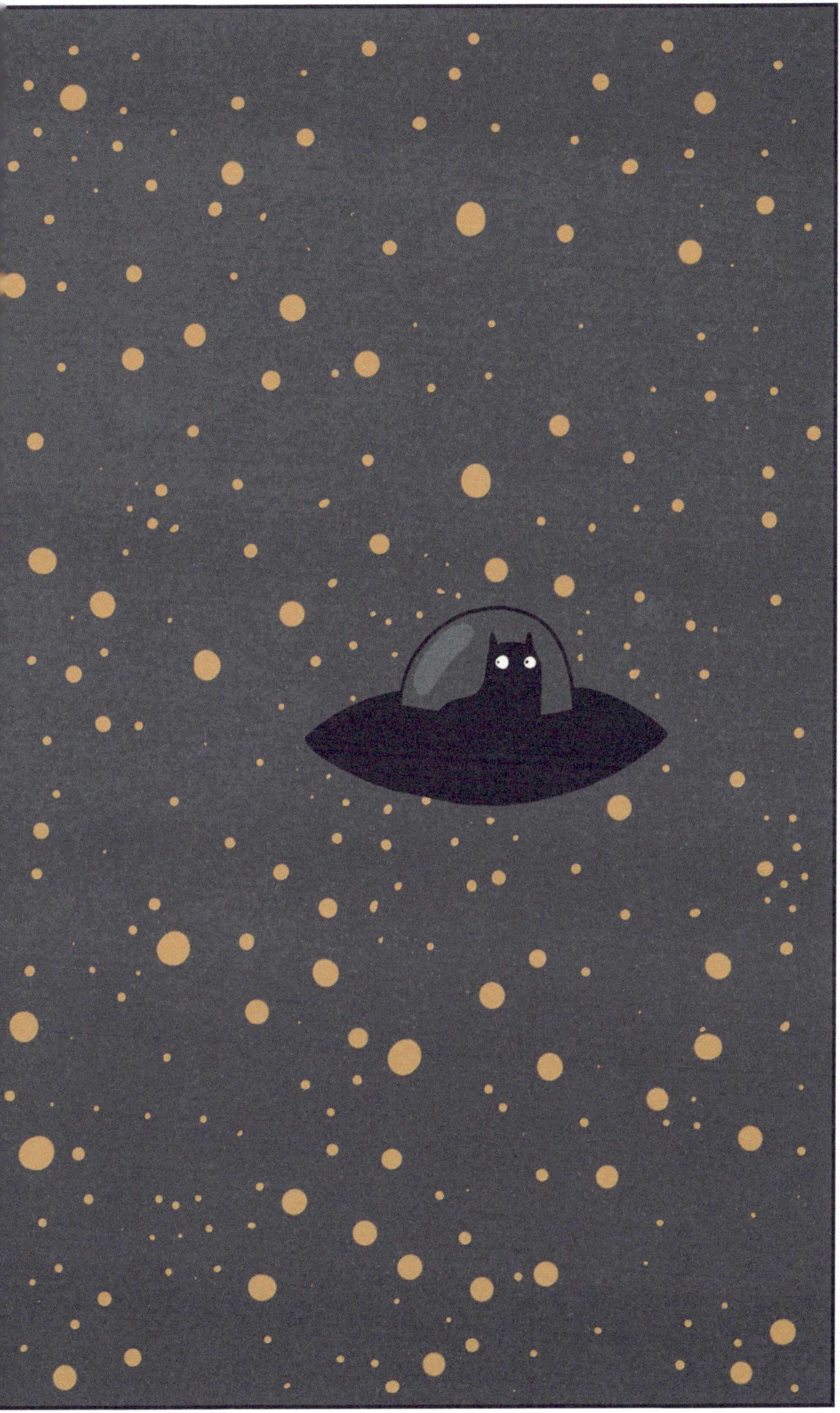

PARÉNTESIS # 1

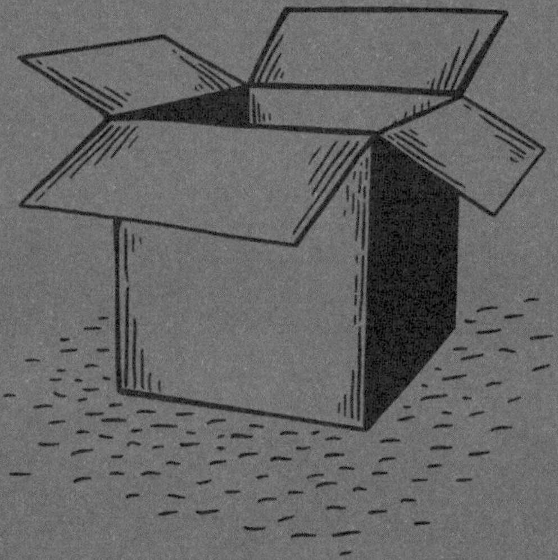

¿QUÉ LES PARECE SI HACEMOS UNA PEQUEÑA PAUSA PARA HABLAR DE UN TEMA QUE NOS ATAÑE PROFUNDAMENTE?

UNA CONDUCTA FELINA QUE VEMOS REPETIRSE HASTA EL CANSANCIO.

ME ATREVERÍA A DECIR QUE MUY POCAS PERSONAS SE HAN DETENIDO A PENSAR EL PORQUÉ.

QUIERO COMPARTIR CONTIGO MI DUDA GATUNA.

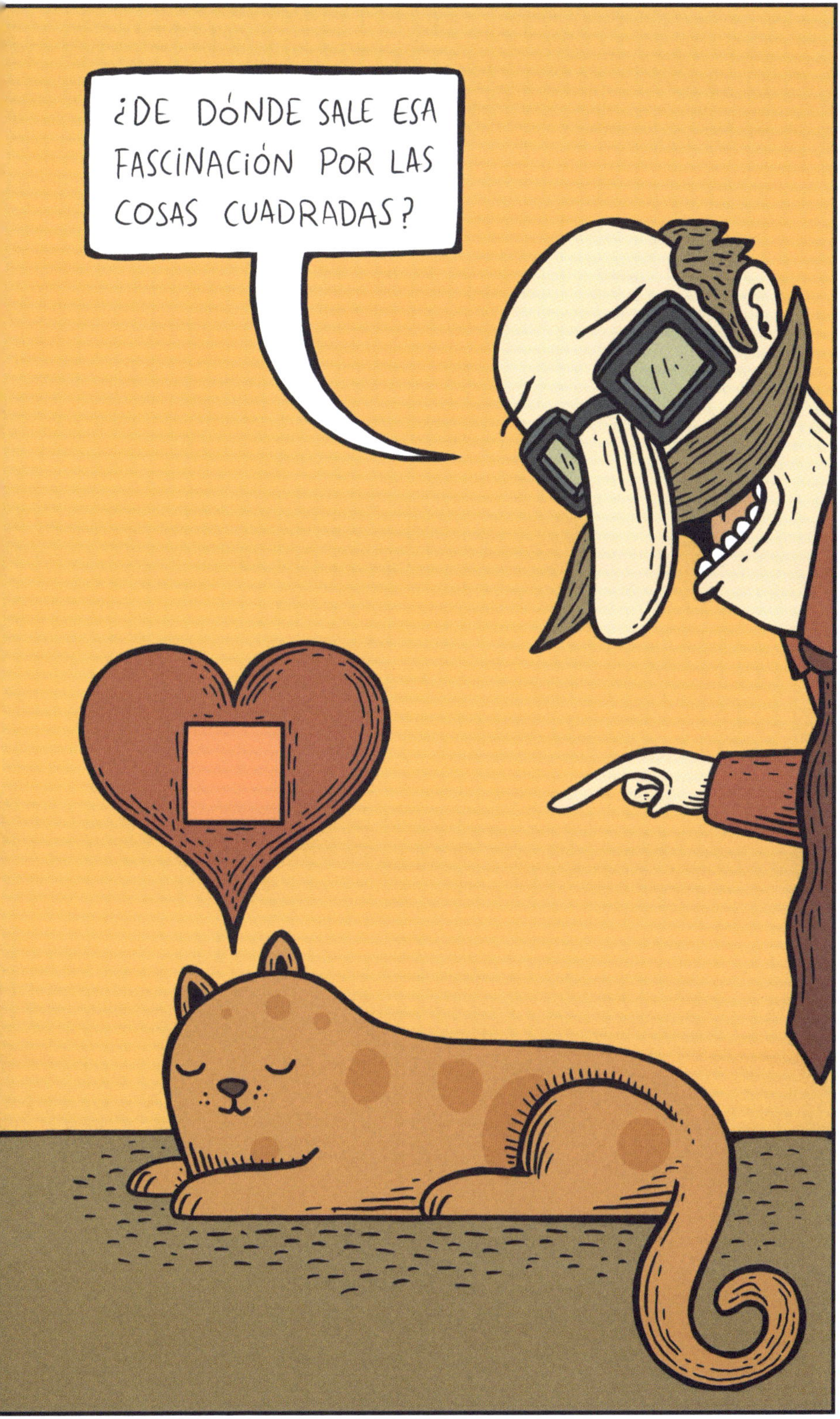
¿DE DÓNDE SALE ESA FASCINACIÓN POR LAS COSAS CUADRADAS?

PODEMOS DECIR QUE, EN GENERAL, LES GUSTA ACURRUCARSE EN LUGARES PEQUEÑOS, CERRADOS Y ACOGEDORES.

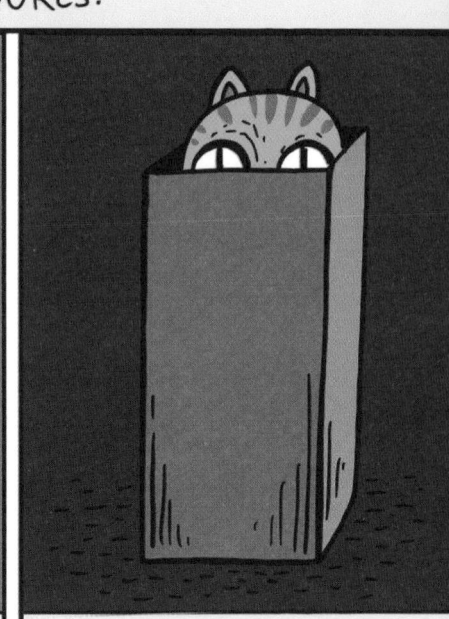

PERO LAS CAJAS, DE CUALQUIER TIPO,

Y DE TODO TAMAÑO, SON SU PASIÓN.

HAY UN COMPORTAMIENTO GATUNO QUE ES MÁS EXTRAÑO Y HA TRAÍDO EL INTERÉS DE LA COMUNIDAD CIENTÍFICA.

A LOS GATOS LES ENCANTA SENTARSE SOBRE OBJETOS O SUPERFICIES PLANAS QUE TENGAN FORMA CUADRADA.

UN GRUPO DE CIENTÍFICOS DE LA UNIVERSIDAD DE NUEVA YORK DECIDIÓ ESTUDIAR ESTE FENÓMENO.

PERO SE ENCONTRARON CON EL IMPEDIMENTO HISTÓRICO PARA ESTUDIAR EN UN LABORATORIO LA CAPACIDAD COGNITIVA FELINA...

LO MANIFIESTAMENTE POCO COLABORATIVOS QUE SON LOS GATOS.

POR ESTO, LOS CIENTÍFICOS DECIDIERON RECLUTAR A DUEÑOS DE GATOS A QUIENES DIERON UN SET DE INSTRUCCIONES ESPECÍFICAS PARA OBSERVAR A SUS MININOS.

EL OBJETIVO ERA DESCUBRIR CÓMO FUNCIONA EXACTAMENTE SU PERCEPCIÓN VISUAL Y CÓMO REACCIONAN ANTE LAS ILUSIONES ÓPTICAS.

Y ASÍ PODER DETERMINAR POR QUÉ LES DA IGUAL SI LA CAJA TIENE 2 o 3 DIMENSIONES.

SE DESCUBRIÓ QUE TIENEN UN SISTEMA COGNITIVO COMPLEJO QUE LES PERMITE PERCIBIR ILUSIONES ÓPTICAS, POR LO QUE SI VEN UN OBJETO O ALGO QUE PUEDA REPRESENTAR UN CUADRADO, CABE LA POSIBILIDAD DE QUE LO CONSIDEREN UNA CAJA.

INCLUSO AL DEMARCAR UNA ZONA CUADRADA CON CINTA, LOS GATOS OBSERVADOS PREFIRIERON SENTARSE EN ELLA POR SOBRE EL PISO VACÍO.

ESTO EXPLICARÍA POR QUÉ ALGUNOS ELIGEN LUGARES TAN EXTRAÑOS PARA POSARSE.

SEGURAMENTE TÚ LO HAS NOTADO ALGUNA VEZ, ¿CIERTO?

UNA DE LAS OBSERVACIONES MÁS SORPRENDENTES ES QUE LOS CAMPOS RECEPTIVOS DE SUS RETINAS LES PERMITEN PERCIBIR ILUSIONES VISUALES.

LOS GATOS SE COMPORTAN COMO CAZADORES AL VER MOVIMIENTOS EN ILUSIONES ÓPTICAS.

LA VERDAD, AÚN NO SABEMOS A CIENCIA CIERTA EL PORQUÉ DE SU AMOR A LAS CAJAS, PERO EXISTEN DOS PRIMERAS TEORÍAS:

1°. LOS GATOS BUSCAN LA CONTENCIÓN Y LA ESTRECHEZ, COMO UNA REMINISCENCIA DE CUANDO ERAN CACHORROS Y PARTE DE UNA CAMADA.

2°. PORQUE EN SU INSTINTO DEPREDADOR, TIENDEN A BUSCAR ESCONDITES PARA ACECHAR A SUS PRESAS.

SEA CUAL SEA LA RESPUESTA, AQUEL COMPORTAMIENTO GATUNO NOS SEGUIRÁ LLAMANDO LA ATENCIÓN, PARA BIEN O PARA MAL.

DEJA DE JUGAR CON MI CAJA, HUMANO, Y TRÁEME ALIMENTO.

FIN DEL PARÉNTESIS

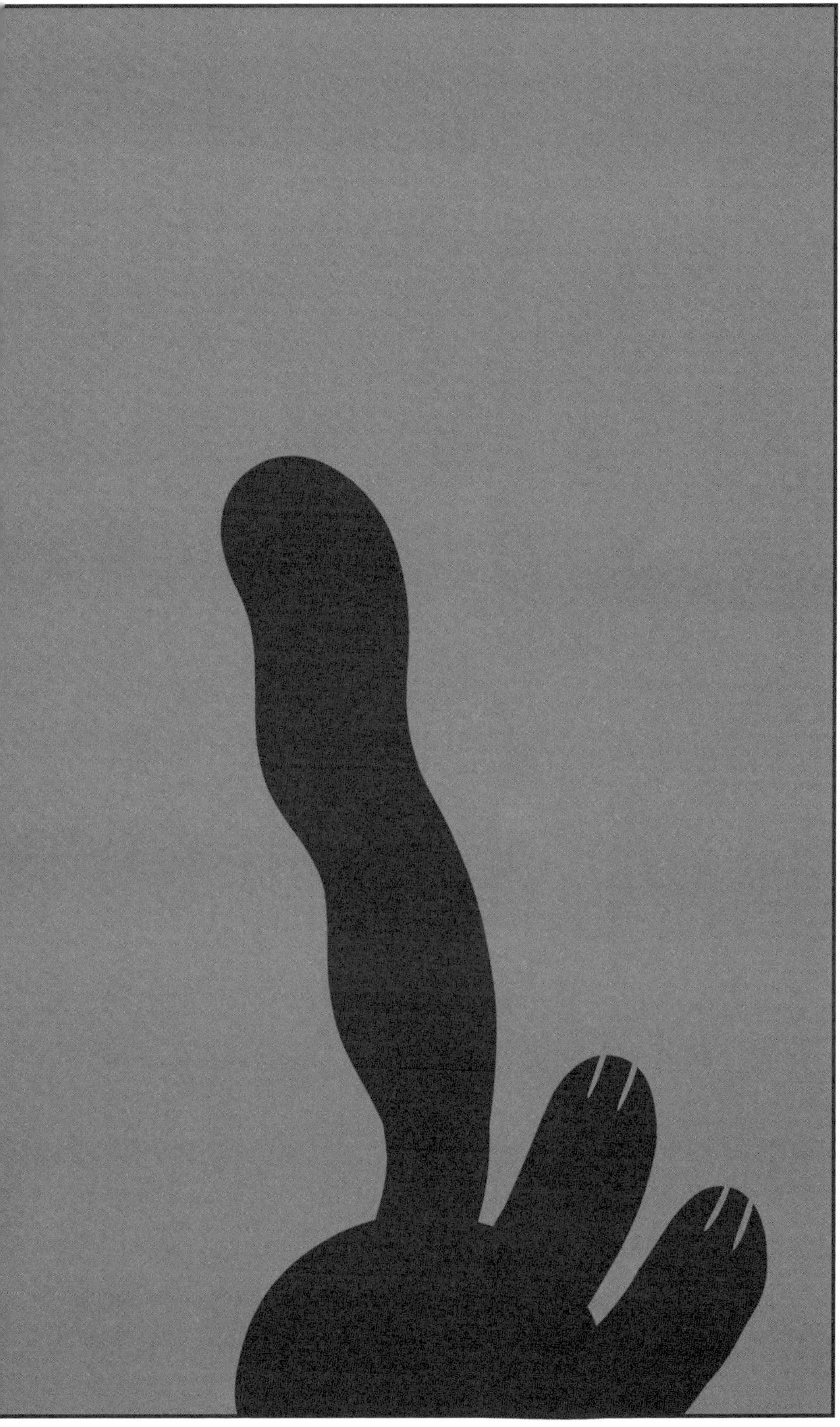

LA CONQUISTA

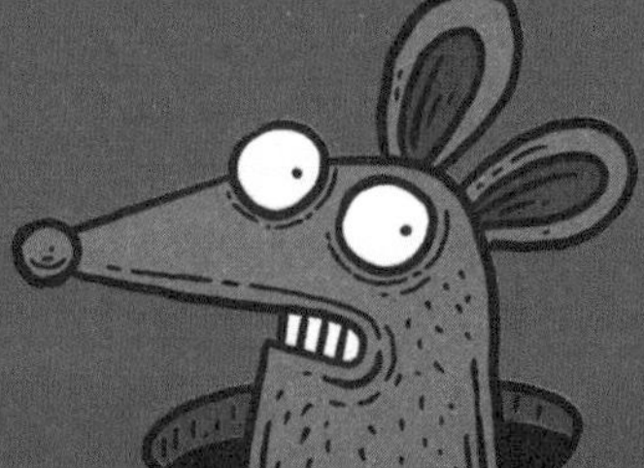

Y ASÍ, SIGUIENDO LOS DESIGNIOS DIVINOS,	SE ESTABLECIERON EN UN PLANETA VECINO PARA ELABORAR UNA ESTRATEGIA:
CONQUISTAR A LOS HUMANOS COMO PRIMERA ETAPA EN LA DOMINACIÓN UNIVERSAL.	PERO ANTES, ALGO IMPORTANTÍSIMO...

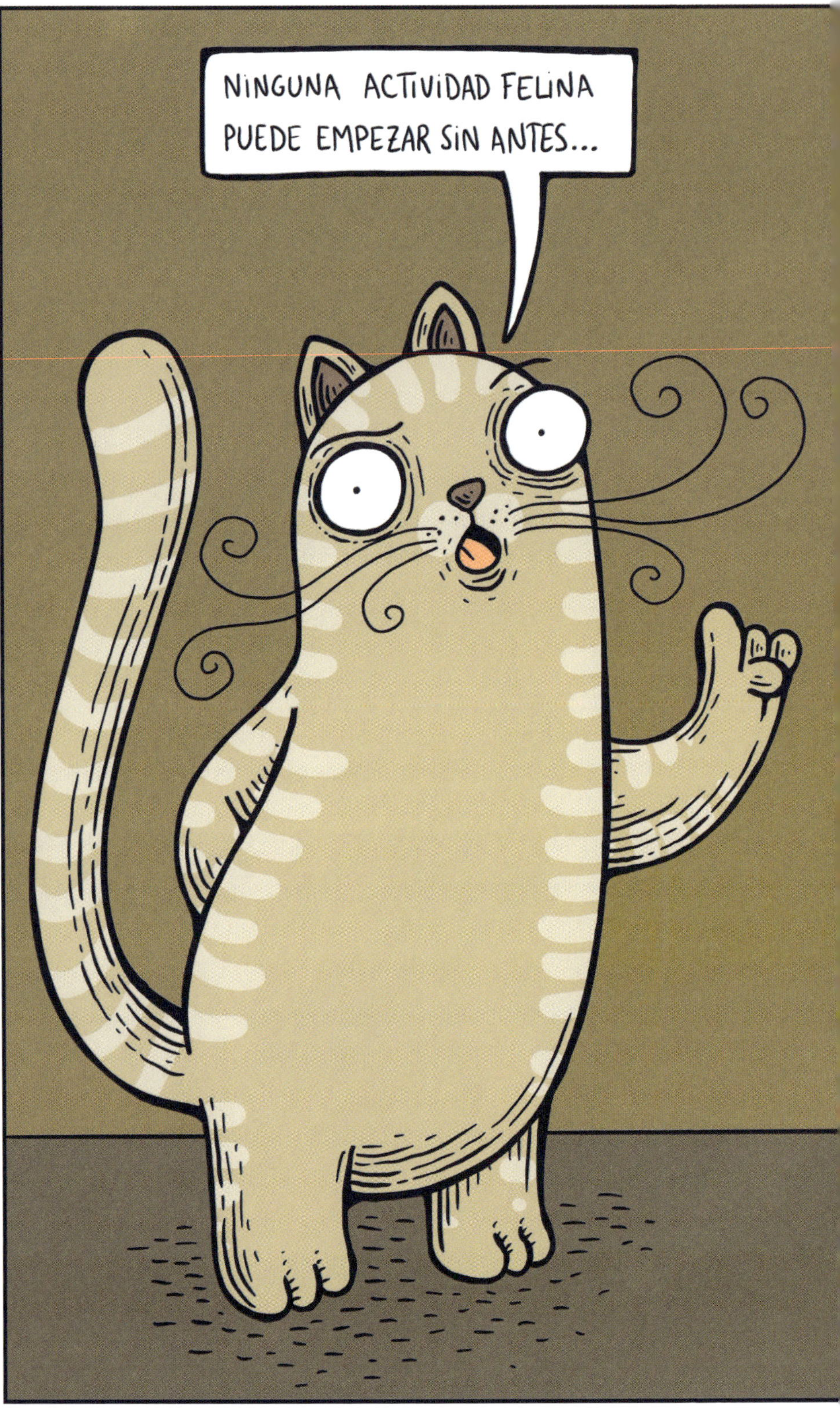
NINGUNA ACTIVIDAD FELINA PUEDE EMPEZAR SIN ANTES...

UNA PEQUEÑA SIESTA.

LAS ACTIVIDADES FELINAS USAN DEMASIADA ENERGÍA, POR LO QUE UN DESCANSO PREVIO A LA PLANIFICACIÓN DE LA CONQUISTA DEL UNIVERSO ES NECESARIO.

HABIENDO DESCANSADO PROFUNDAMENTE, ERA HORA DE ENCONTRAR LA ESTRATEGIA PARA LA CONQUISTA DEL UNIVERSO.

OKEY, ¿CÓMO EMPEZAMOS?

QUE CADA UNO PROPONGA ALGO.

BIEN.

DE ACUERDO.

YO TENGO UNA IDEA

AQUÍ TRAIGO ALGO QUE QUIERO MOSTRARLES.

LO HE BAUTIZADO COMO "RONRONEADOR APOCALÍPTICO".

> PONDREMOS A NUESTROS MEJORES CIENTÍFICOS A CARGO DEL PROYECTO.

LUEGO HAREMOS UN 'DELIVERY' DE DESTRUCCIÓN.

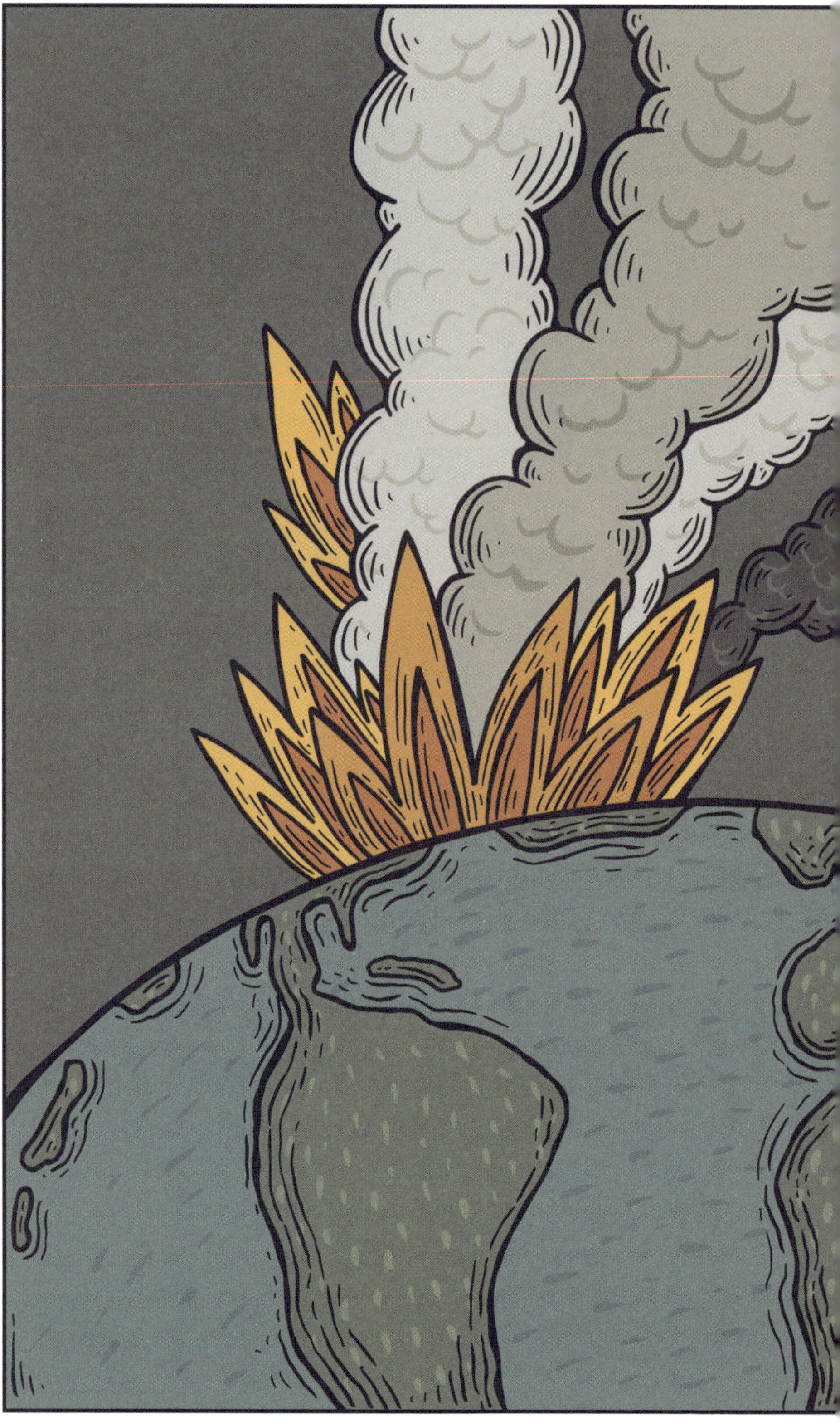

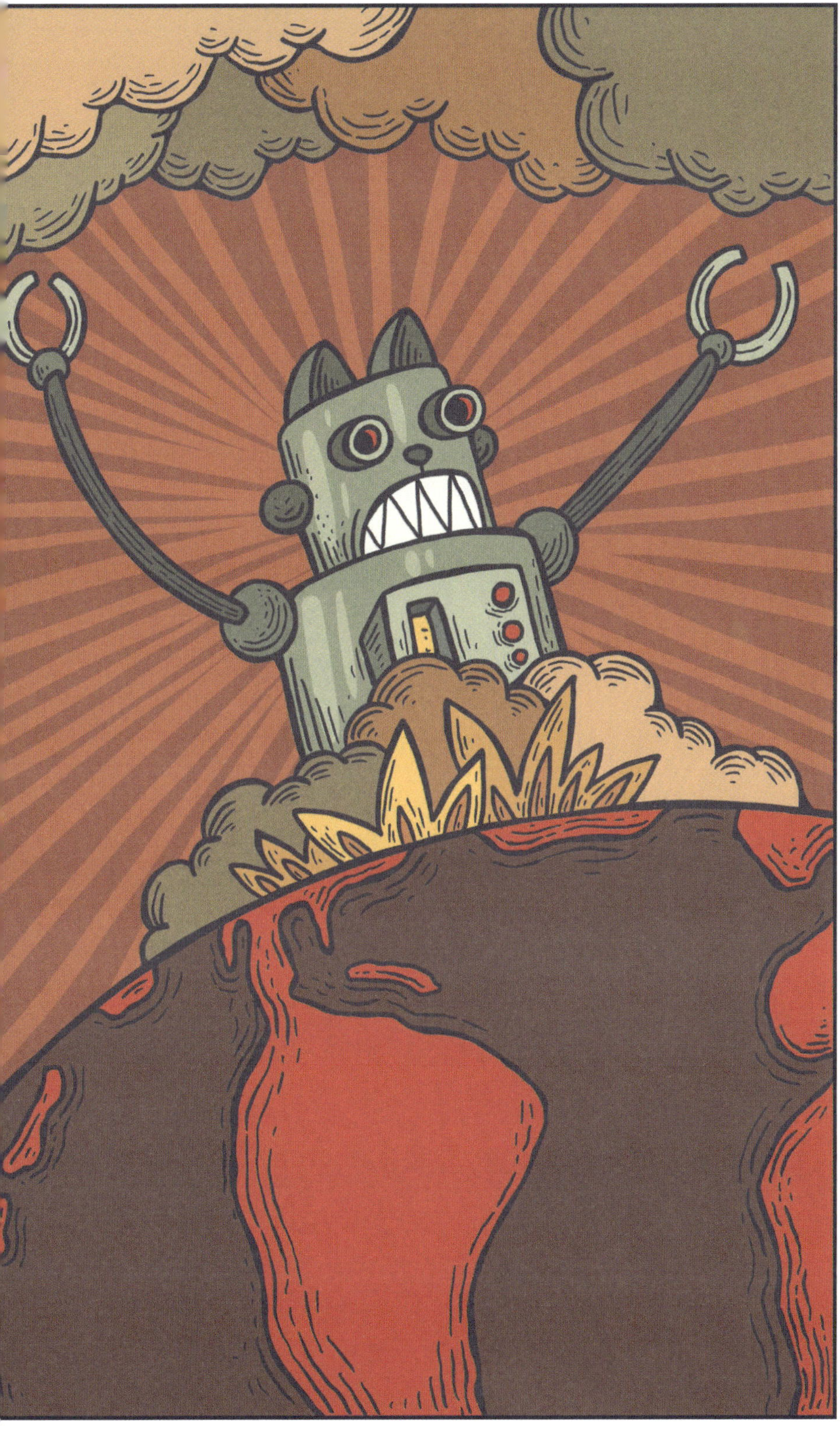

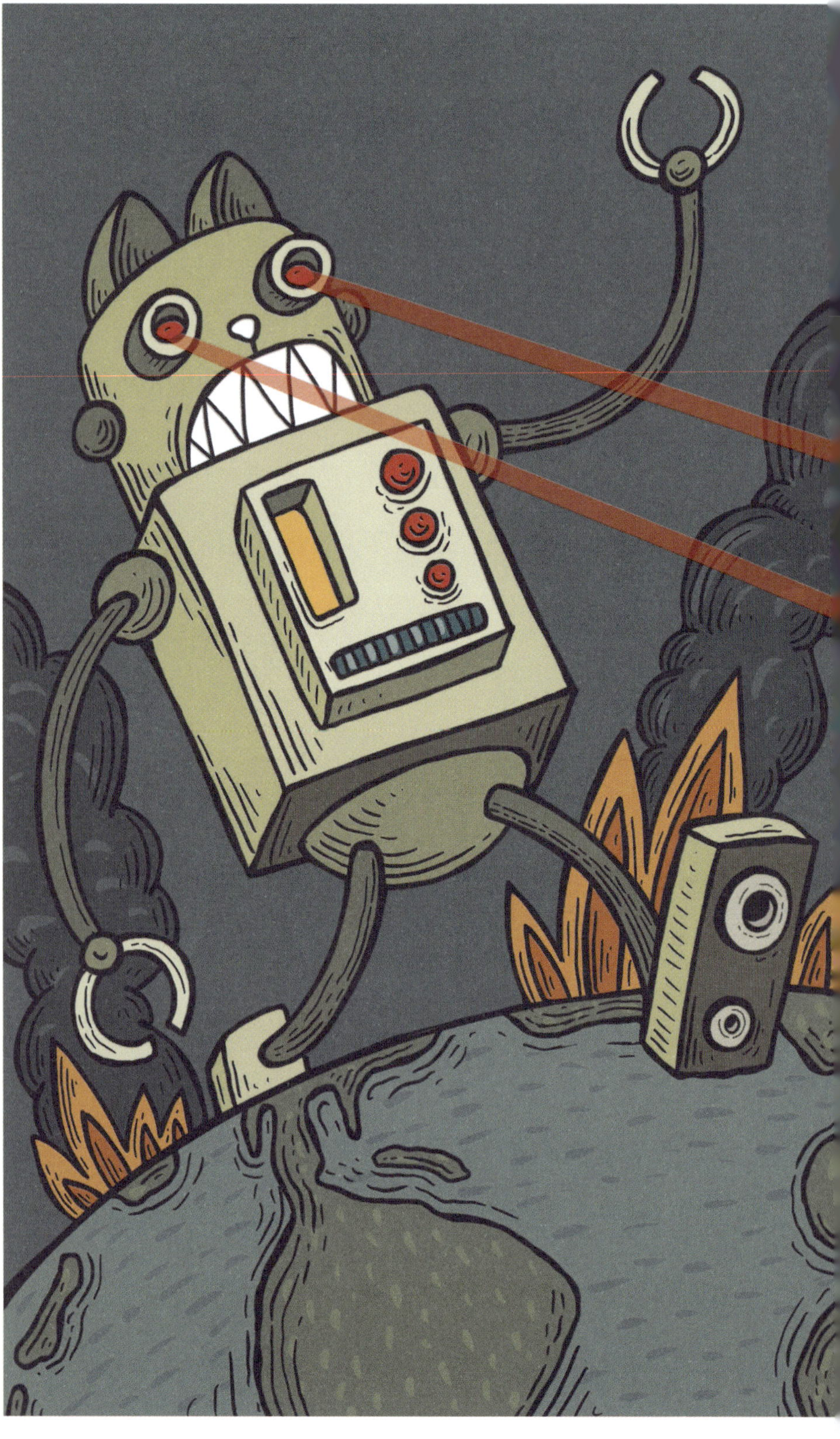

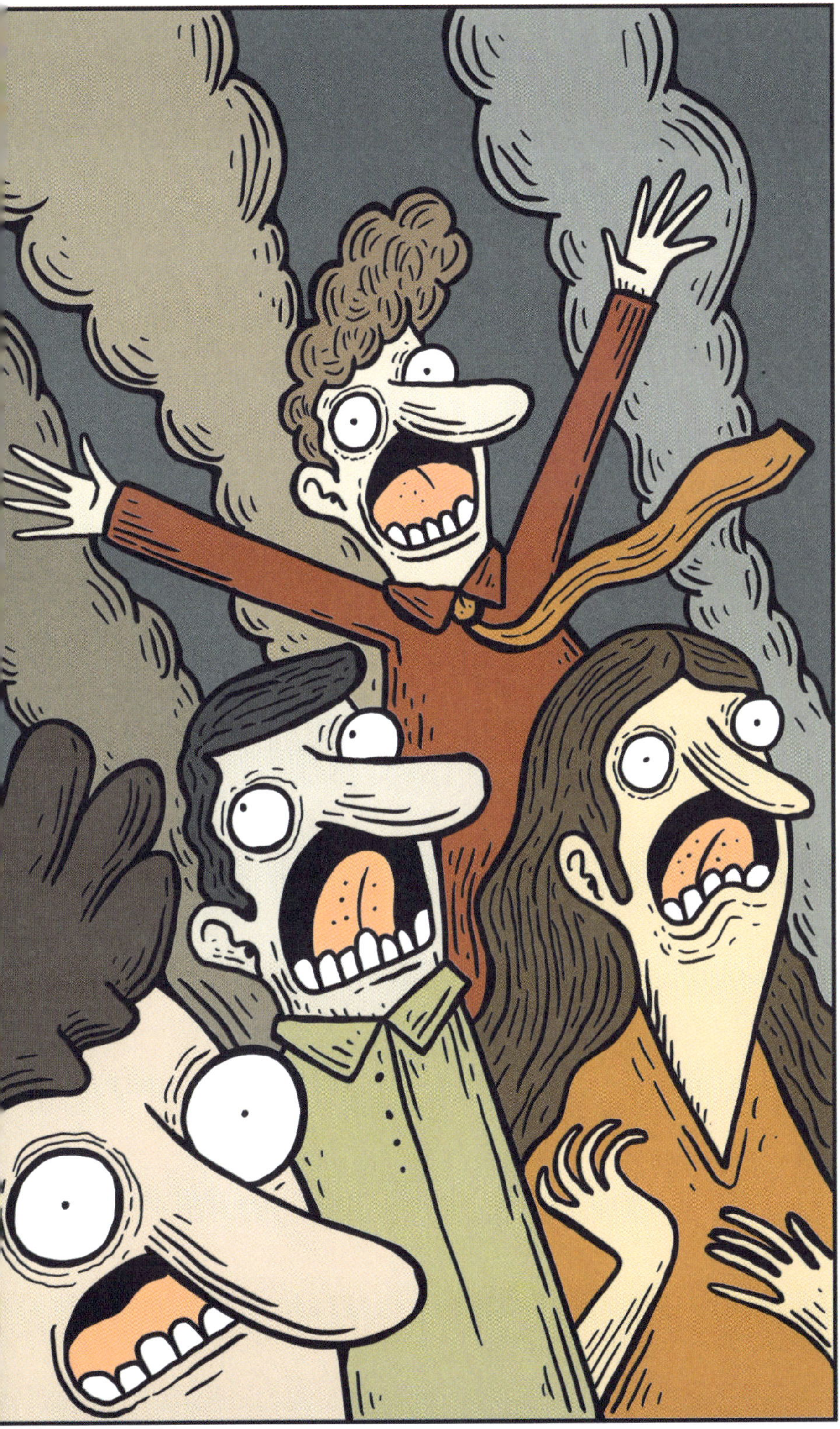

CLARAMENTE LOS HUMANOS NO NOS AMARÁN...
¿PERO QUIÉN NECESITA AMOR CUANDO SE TIENE PODER?

YO TENGO UNA IDEA MEJOR.

DEBEMOS HACERLES VER QUE SOMOS DIVINOS.

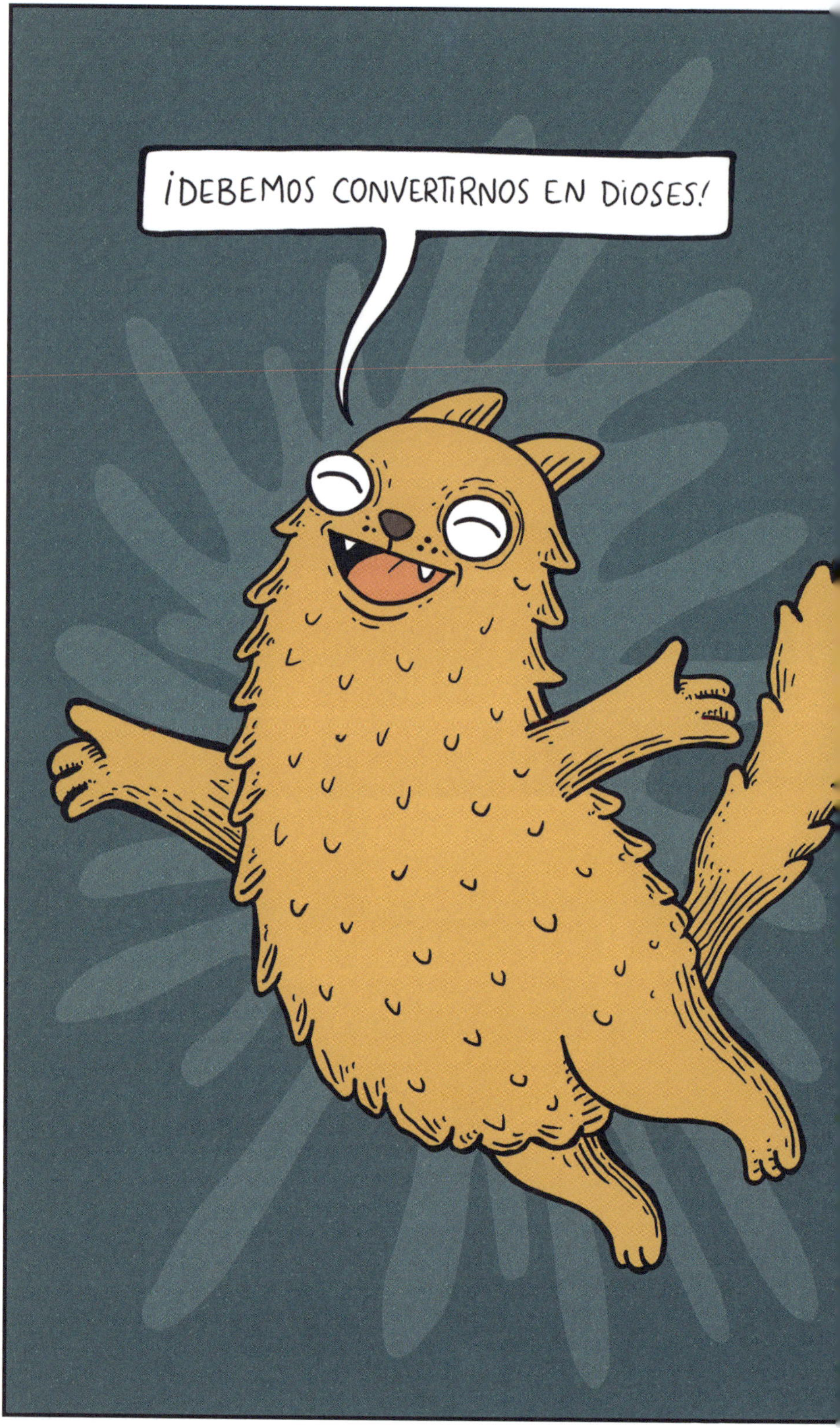
¡DEBEMOS CONVERTIRNOS EN DIOSES!

MEZCLÉMONOS SUTILMENTE CON LOS HUMANOS; SEAMOS PARTE DE SUS VIDAS COTIDIANAS.	
AYUDÉMOSLES A CUIDAR SUS ALIMENTOS Y SUS COSECHAS.	DECOREMOS SUS HOGARES CON NUESTRA BELLEZA.

LOS ACOMPAÑAREMOS PARA AYUDARLES A SOPORTAR LA ANGUSTIA QUE LES PRODUCE EL VACÍO DE SU SOLITARIA EXISTENCIA.

PERO LA CLAVE PARA QUE ESTE PLAN FUNCIONE...

ES QUE DEBEMOS MIRAR FIJAMENTE CUALQUIER PUNTO ESCOGIDO AL AZAR, DURANTE ALGUNOS MINUTOS.

LOS POBRES HUMANOS SON TAN SUPERSTICIOSOS QUE VAN A PENSAR QUE ESTAMOS VIENDO UN ESPÍRITU, Y QUE TENEMOS LA CAPACIDAD DE CONECTAR CON EL MÁS ALLÁ.

PRONTO NOS CONSIDERARÁN SERES DIVINOS,

Y DOMINAREMOS A LOS HUMANOS A TRAVÉS DE SUS EMOCIONES.

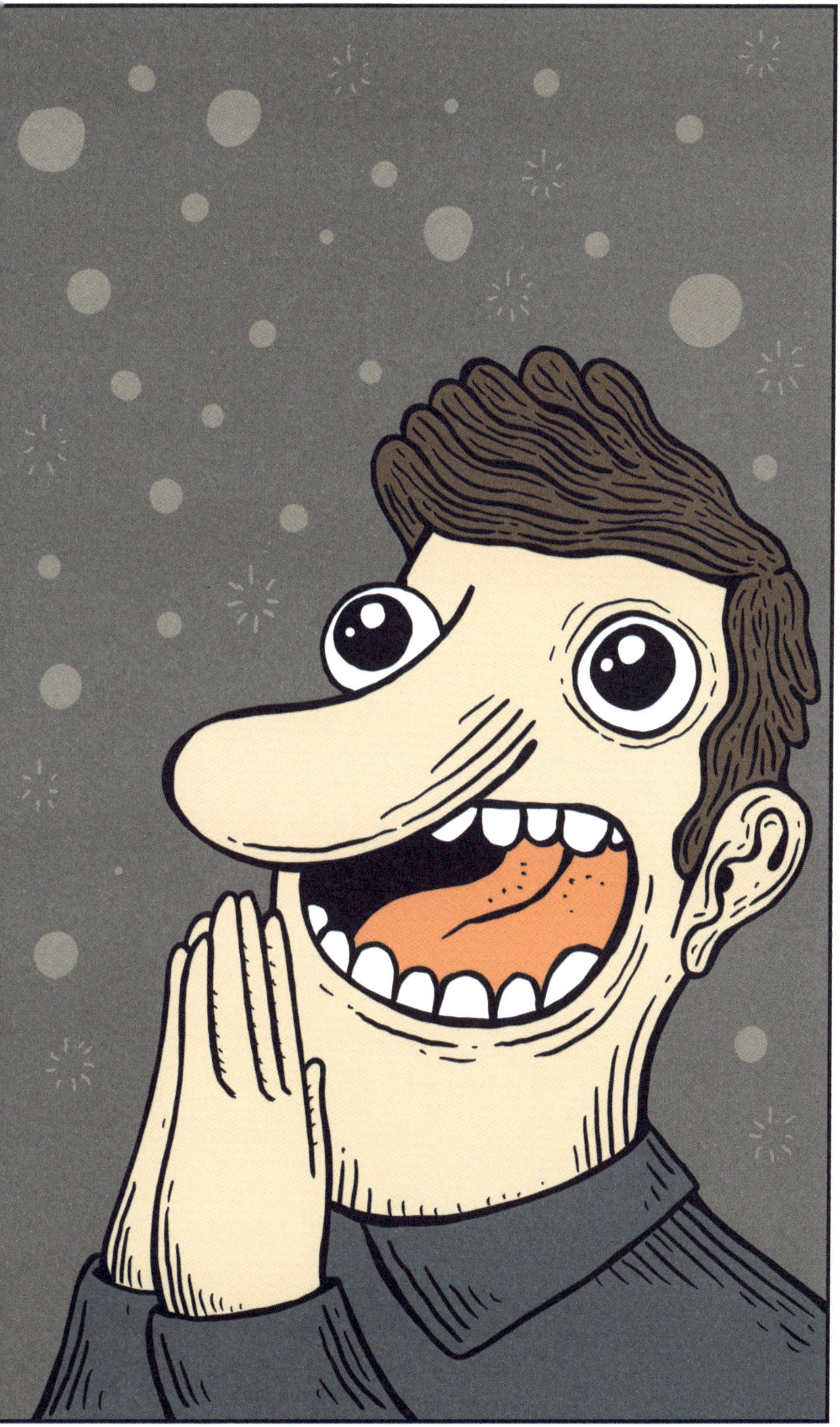

PARÉNTESIS #2

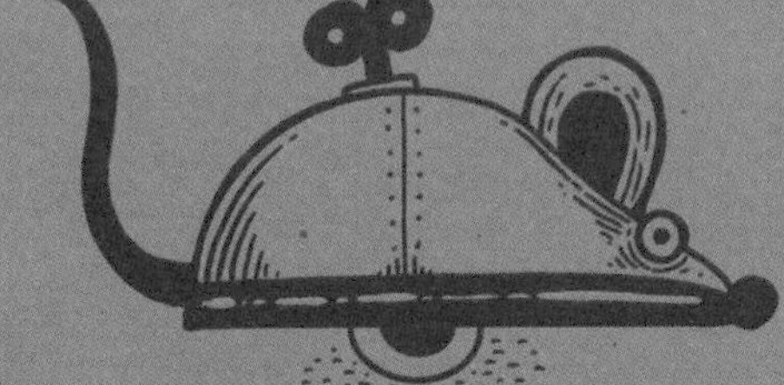

A LO LARGO DE LA HISTORIA LOS GATOS HAN SIDO VENERADOS POR DIVERSAS CIVILIZACIONES.

HAN SIDO PARTE DE MITOLOGÍAS COMO LA CHINA, EGIPCIA, JAPONESA, ESCANDINAVA Y TAILANDESA, ENTRE OTRAS.

AQUÍ NO SUPE QUÉ DIBUJAR, ASÍ QUE HICE UN GATO TOMANDO HELADO DE DULCE DE LECHE, A PESAR DE QUE LOS GATOS SON INTOLERANTES A LA LACTOSA.

EN LOS HOGARES DEL ANTIGUO EGIPTO, UNO DE LOS MAYORES PELIGROS ERAN LAS SERPIENTES VENENOSAS Y LAS RATAS QUE ACABABAN CON LOS SUMINISTROS DE COMIDA Y PODÍAN CONTAGIAR ENFERMEDADES.

POR ESTO CONSIDERABAN A LOS GATOS COMO SUS GUARDIANES DIVINOS.

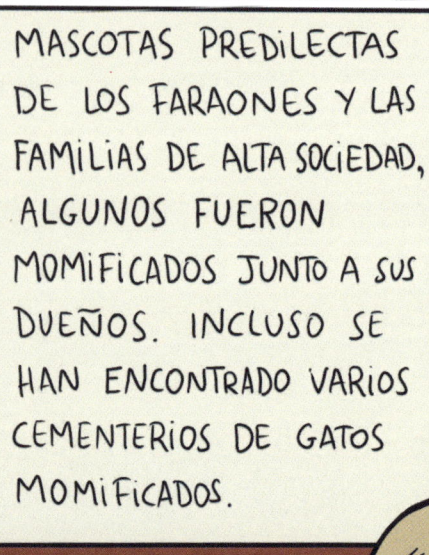

MASCOTAS PREDILECTAS DE LOS FARAONES Y LAS FAMILIAS DE ALTA SOCIEDAD, ALGUNOS FUERON MOMIFICADOS JUNTO A SUS DUEÑOS. INCLUSO SE HAN ENCONTRADO VARIOS CEMENTERIOS DE GATOS MOMIFICADOS.

POR SU GRAN VISIÓN NOCTURNA, LOS CREÍAN GUARDIANES DE LA OSCURIDAD.

Y POR ESTAR RELACIONADOS CON LOS LEONES Y SUS MELENAS QUE EVOCAN LOS RAYOS DEL SOL, SE LOS CONSIDERABA COMO ENVIADOS DEL DIOS RA.

DOS DE LAS DIOSAS MÁS IMPORTANTES DEL PANTEÓN EGIPCIO ERAN REPRESENTADAS CON GATAS.
BASTET: DIOSA DE LA FERTILIDAD, LA MÚSICA, EL BAILE, EL AMANECER Y LA FAMILIA.
SEKHMET: DIOSA DE LA GUERRA Y LA VENGANZA, PERO TAMBIÉN DE LA CURACIÓN.

EN CHINA, LA DIOSA GATUNA LI-SHOU ERA LA PROTECTORA DEL HOGAR Y LA FERTILIDAD.

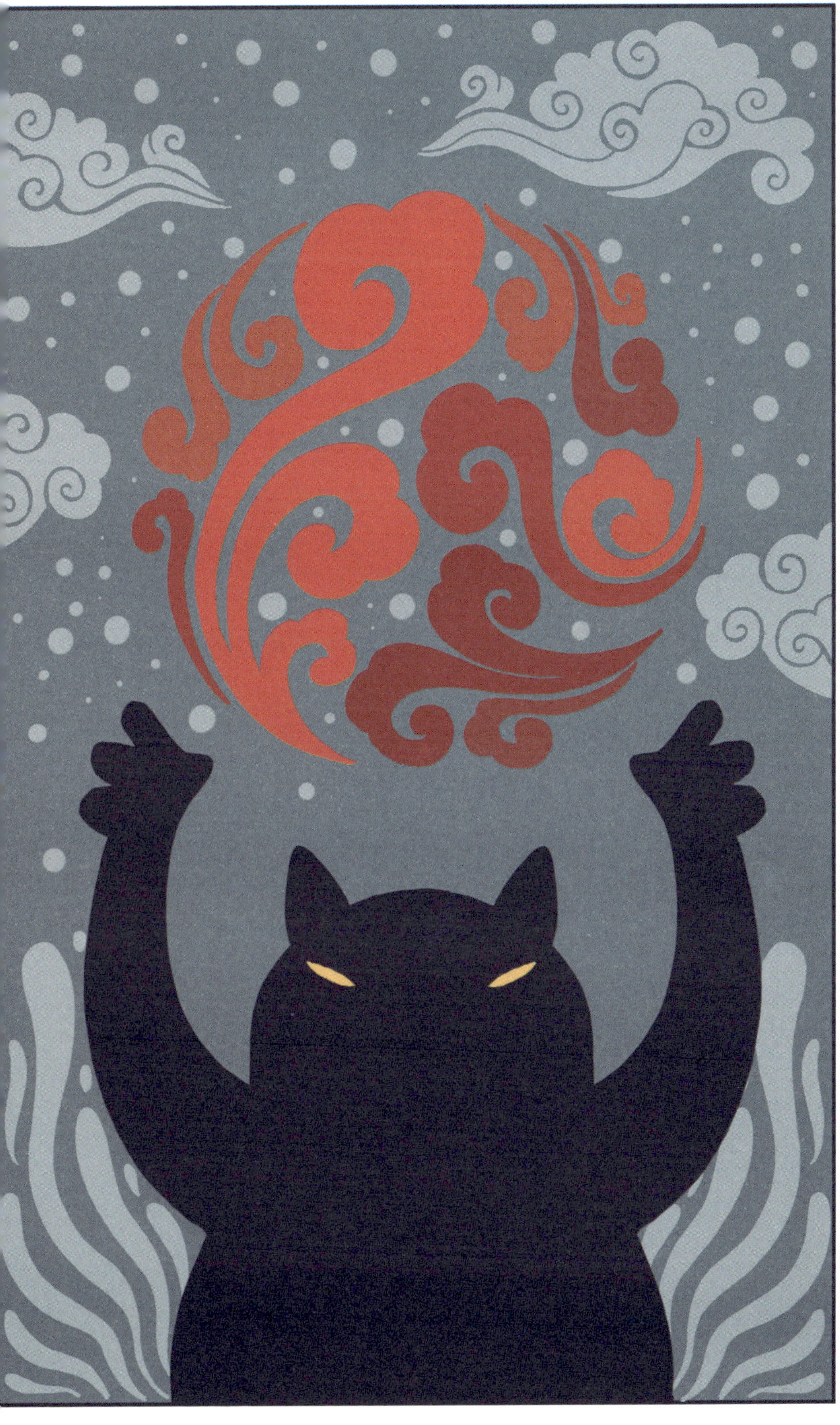

EXISTÍA LA CREENCIA DE QUE LOS DIOSES HABÍAN ENCARGADO A LOS GATOS SER LOS GUARDIANES DEL ORDEN, PERO ESA TAREA LES FUE REMOVIDA PUES ELLOS PREFERÍAN JUGAR Y DORMIR.

LOS DIOSES INCLUSO LES OTORGARON EL DON DEL HABLA PARA CUMPLIR CON LA TAREA IMPUESTA.

PERDÓN, QUISE DECIR... ¡MIAUUU!

SOLUCIONEN SUS PROBLEMAS POR USTEDES MISMOS, HUMANOS.

A PESAR DE HABER SIDO MUY QUERIDOS POR LA SOCIEDAD CHINA Y EL BUDISMO, LOS GATOS FUERON DEJADOS FUERA DEL GRUPO DE ANIMALES PROTEGIDOS DE SU CALENDARIO ZODIACAL. LA MITOLOGÍA CUENTA QUE FUE UN CASTIGO PORQUE BUDA LLAMÓ A TODOS ANTE SU PRESENCIA Y EL GATO NO LLEGÓ, PUES SE QUEDÓ DORMIDO.

LOS GATOS LLEGARON A JAPÓN HACE MÁS DE MIL AÑOS DESDE CHINA, EN LOS BARCOS QUE TRANSPORTABAN A LOS MONJES BUDISTAS.

SE PIENSA QUE AYUDABAN A PROTEGER LOS MANUSCRITOS SAGRADOS DE LAS RATAS.

UNA VEZ EN JAPÓN, LOS GATOS FUERON ADOPTADOS COMO UN SIGNO DE BUENA SUERTE.

EL MANEKI-NEKO ES UN TALISMÁN PARA LA BUENA FORTUNA Y LA ABUNDANCIA.

EN LA MITOLOGÍA JAPONESA EL BAKENEKO ES UN GATO MONSTRUO QUE POSEE FACULTADES SOBRENATURALES COMO HABLAR, VOLAR, CAMINAR ERGUIDO, ALCANZAR GRANDES TAMAÑOS, CAMBIAR SU FORMA E, INCLUSO, RESUCITAR MUERTOS.

PODÍA TOMAR LA FORMA DE CUALQUIER HUMANO MUERTO, Y SE CREÍA QUE MUCHAS VECES ERA EL MISMO BAKENEKO QUIEN SE COMÍA A LA PERSONA PARA LUEGO SUPLANTARLA.

> INCLUSO LOS DEMONÍACOS SON MUY LINDOS.

ERAN CAPACES DE TIRAR BOLAS DE FUEGO.

MUCHOS INCENDIOS ERAN ATRIBUIDOS AL BAKENEKO.

ESTAS SON LAS CAUSAS POR LAS CUALES UN GATO COMÚN SE PUEDE CONVERTIR EN UN BAKENEKO:

SI HA VIVIDO MÁS DE 100 AÑOS.

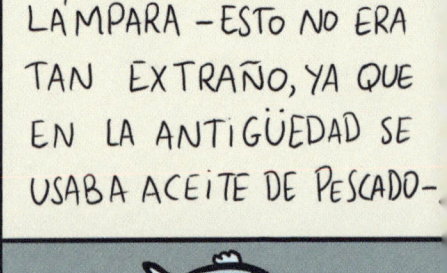

SI TOMA ACEITE DE UNA LÁMPARA —ESTO NO ERA TAN EXTRAÑO, YA QUE EN LA ANTIGÜEDAD SE USABA ACEITE DE PESCADO—

SI LLEGA A PESAR 3.75 KILOGRAMOS.

SI SE LE PERMITE TENER UNA COLA MUY LARGA.

LAS COLAS LARGAS SE BIFURCABAN 2, 3, 4 Y HASTA 7 VECES. MIENTRAS MÁS COLAS TUVIESE, SE CREÍA QUE EL BAKENEKO ERA MÁS PODEROSO.

ESTO LLEVÓ A QUE SUS COLAS FUESEN CORTADAS Y LUEGO A CRIAR UNA RAZA DE GATOS LLAMADA BOBTAIL JAPONÉS, QUE TIENEN LA COLA COMO CONEJO.

EN LA MITOLOGÍA NÓRDICA, FREYJA, DIOSA DEL AMOR, LA FERTILIDAD, LA MAGIA, LA MUERTE, LA RIQUEZA Y LA PROFECÍA, CONDUCÍA UN CARRUAJE TIRADO POR GATOS.

ESTO ES A LO QUE YO LLAMO UNA DIOSA BUENA PARA EL MULTITASKING.

ESTO DA CUENTA DE LA FASCINACIÓN QUE HAN PRODUCIDO ESTOS FELINOS SOBRE NOSOTROS A LO LARGO DE NUESTRA VIDA EN LA TIERRA.

FIN DEL PARÉNTESIS

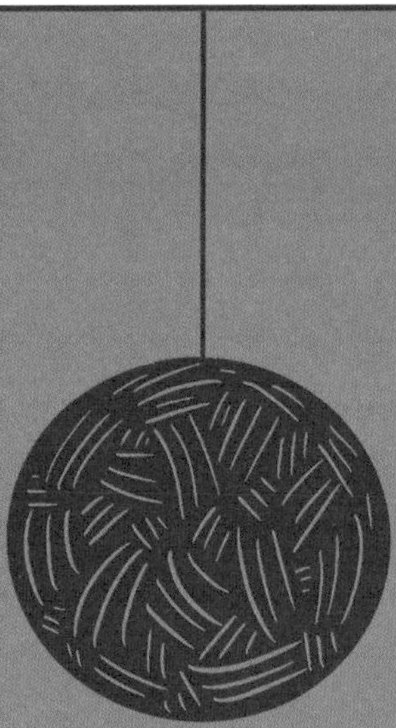

LA CONQUISTA
(SEGUNDA PARTE)

MIENTRAS TANTO LOS GATOS SEGUÍAN DELIBERANDO.

¡ESPEREN, ESPEREN, ESPEREN!

TENGO OTRA IDEA QUE PUEDE SER AÚN MEJOR.

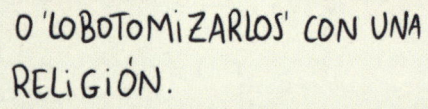

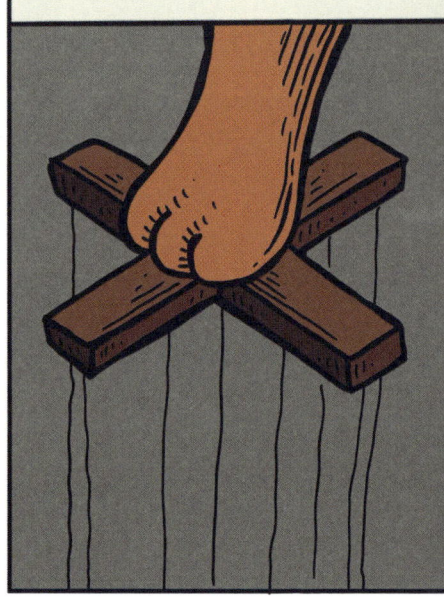

PIENSO QUE USAR A LOS SERES HUMANOS COMO MANO DE OBRA EN EL PLAN DIVINO DE DIOS ES UNA GRAN IDEA.	ENTONCES DEBERÍAMOS EVITAR ELIMINARLOS CON UN ROBOT.
O 'LOBOTOMIZARLOS' CON UNA RELIGIÓN.	DEBEMOS USAR SUS CUERPOS Y CEREBROS EN NUESTRO BENEFICIO.

Y LA FORMA DE LOGRARLO ES CREANDO MÁQUINAS DE CONTROL MENTAL.

PODREMOS SER MUY EXIGENTES CON LAS CARICIAS.	SEREMOS ALIMENTADOS CUANDO SE NOS PLAZCA.
PODREMOS USARLOS COMO COLCHÓN DE FORMA ILIMITADA.	PODEMOS HACERLES TIRAR UN OVILLO DE LANA EN LOOP.

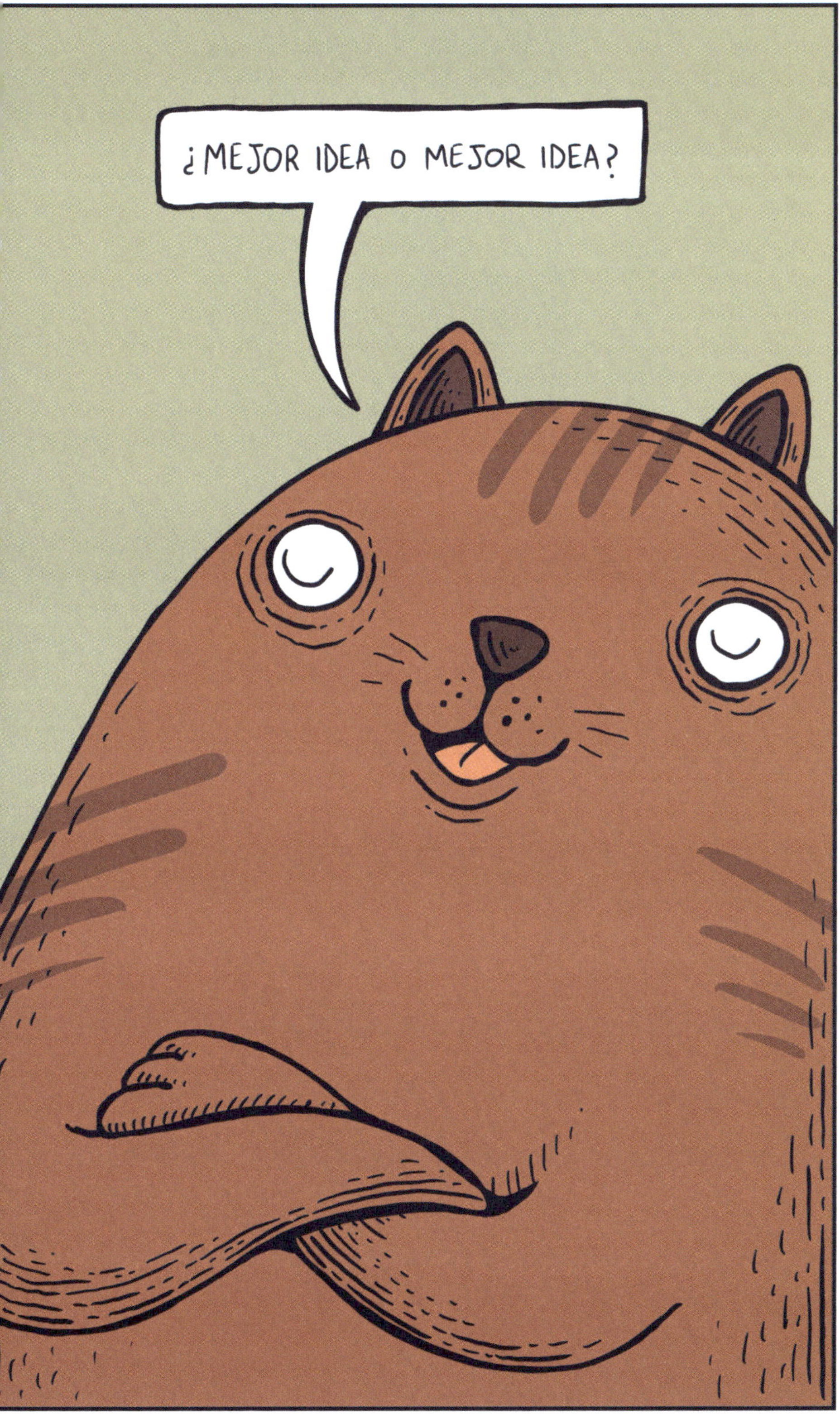
¿MEJOR IDEA O MEJOR IDEA?

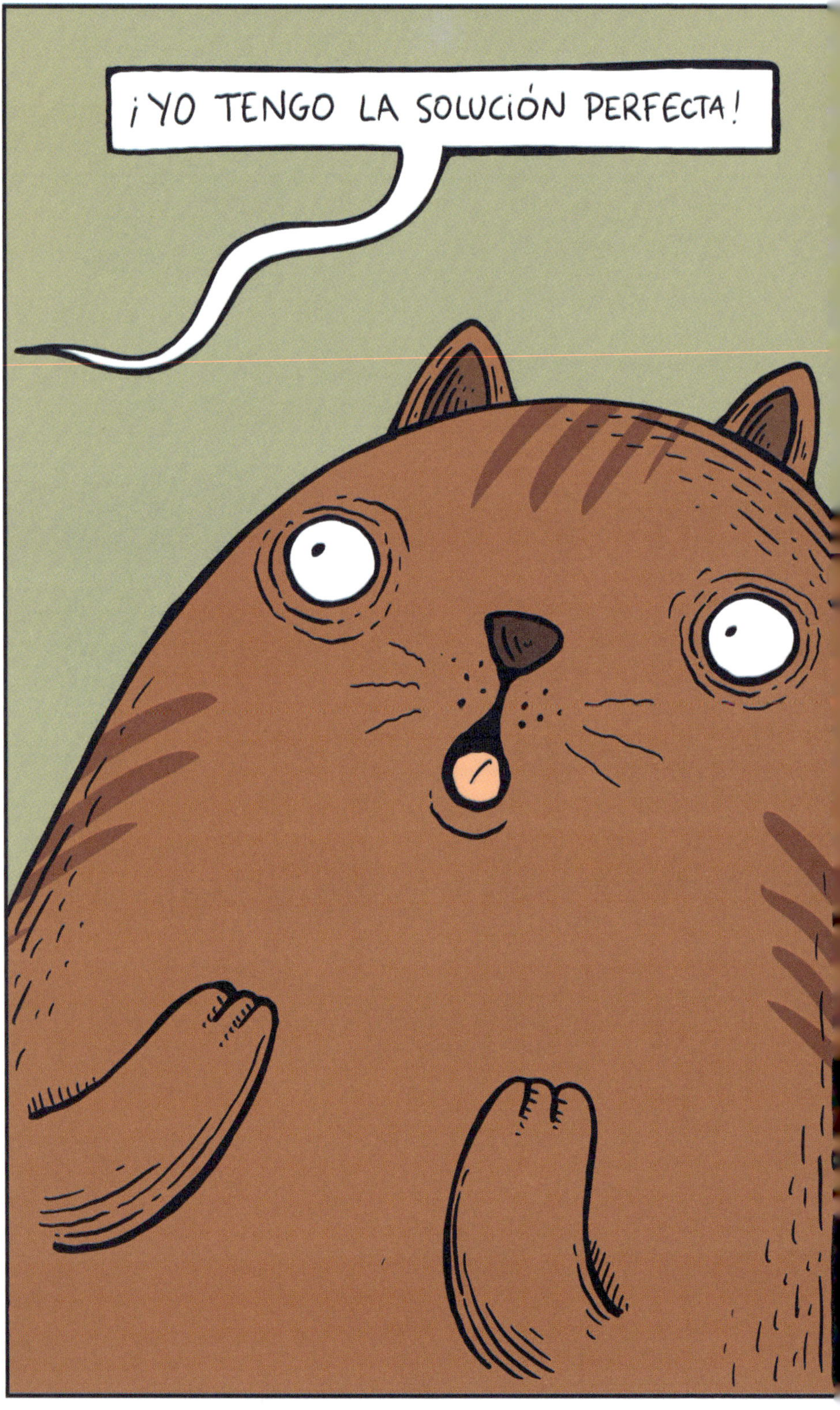
¡YO TENGO LA SOLUCIÓN PERFECTA!

CREO QUE PODEMOS HACER UN CÓCTEL DE TODAS LAS IDEAS ANTERIORES PARA MAXIMIZAR EL LADO POSITIVO DE CADA UNA.

PRESTEN ATENCIÓN, ESTE ES MI PLAN.

NO USAREMOS LA FUERZA BRUTA DEL ROBOT, PERO CON NUESTRAS ARMAS NATURALES MALTRATAREMOS A LOS HUMANOS. LOS FAMILIARIZAREMOS CON EL DOLOR FÍSICO.

LUEGO, NOS ACERCAREMOS A ELLOS Y LES PRESTAREMOS TODA NUESTRA ATENCIÓN. LES ENTREGAREMOS TODO NUESTRO AMOR.

ESTARÁN TAN CONFUNDIDOS QUE SUS MENTES QUEDARÁN A NUESTRA MERCED.

NUESTROS CACHORROS SERÁN TAN HERMOSOS QUE JAMÁS SE PODRÁN RESISTIR A SUS ENCANTOS. NUESTRA BELLEZA VA A SER SU RELIGIÓN.

> TODAS LAS PERSONAS SERÁN NUESTRAS.

❃ FiN ❃

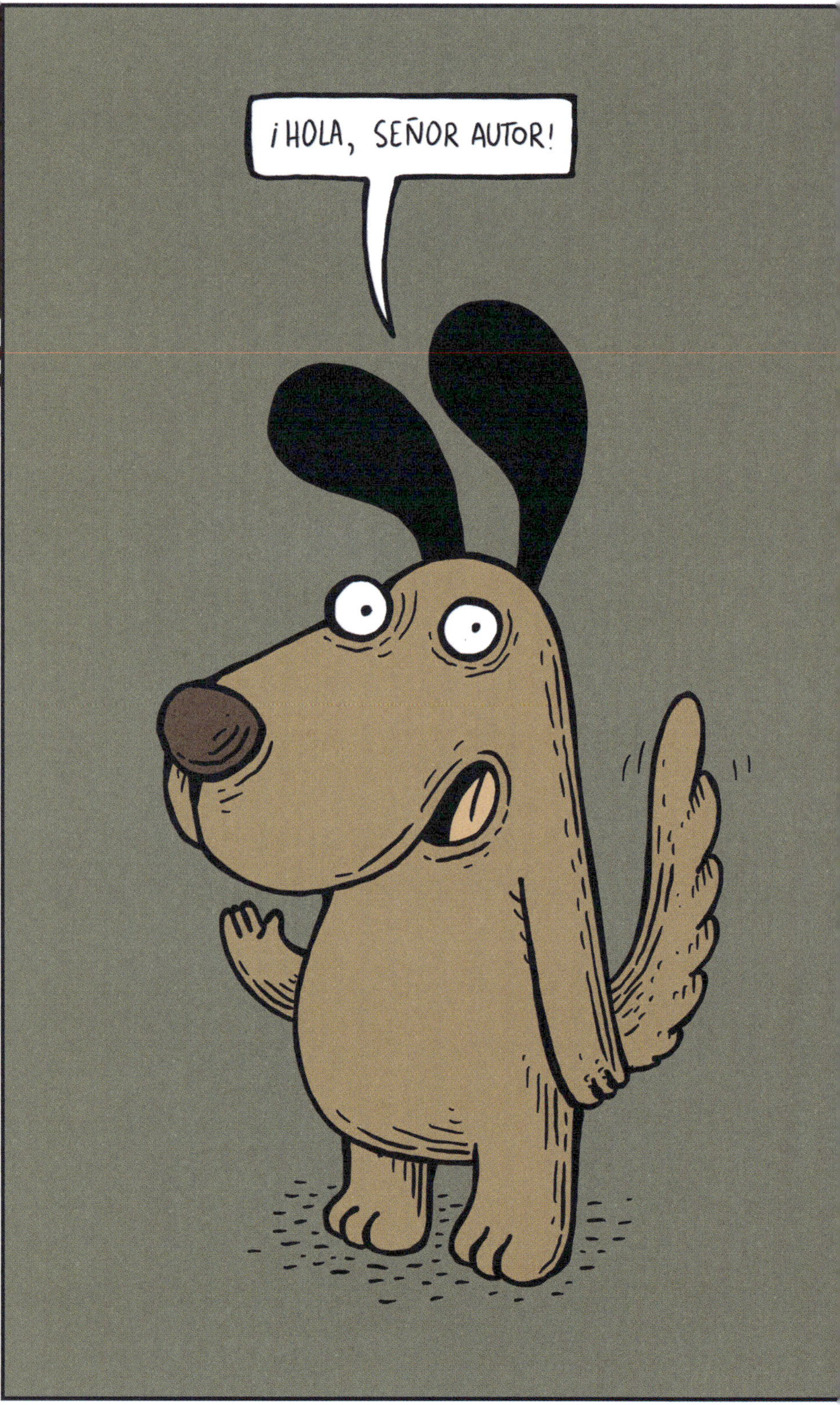
¡HOLA, SEÑOR AUTOR!

VENGO A PREGUNTAR HUMILDEMENTE SI EN EL FUTURO HARÁ UN LIBRO SOBRE PERROS.

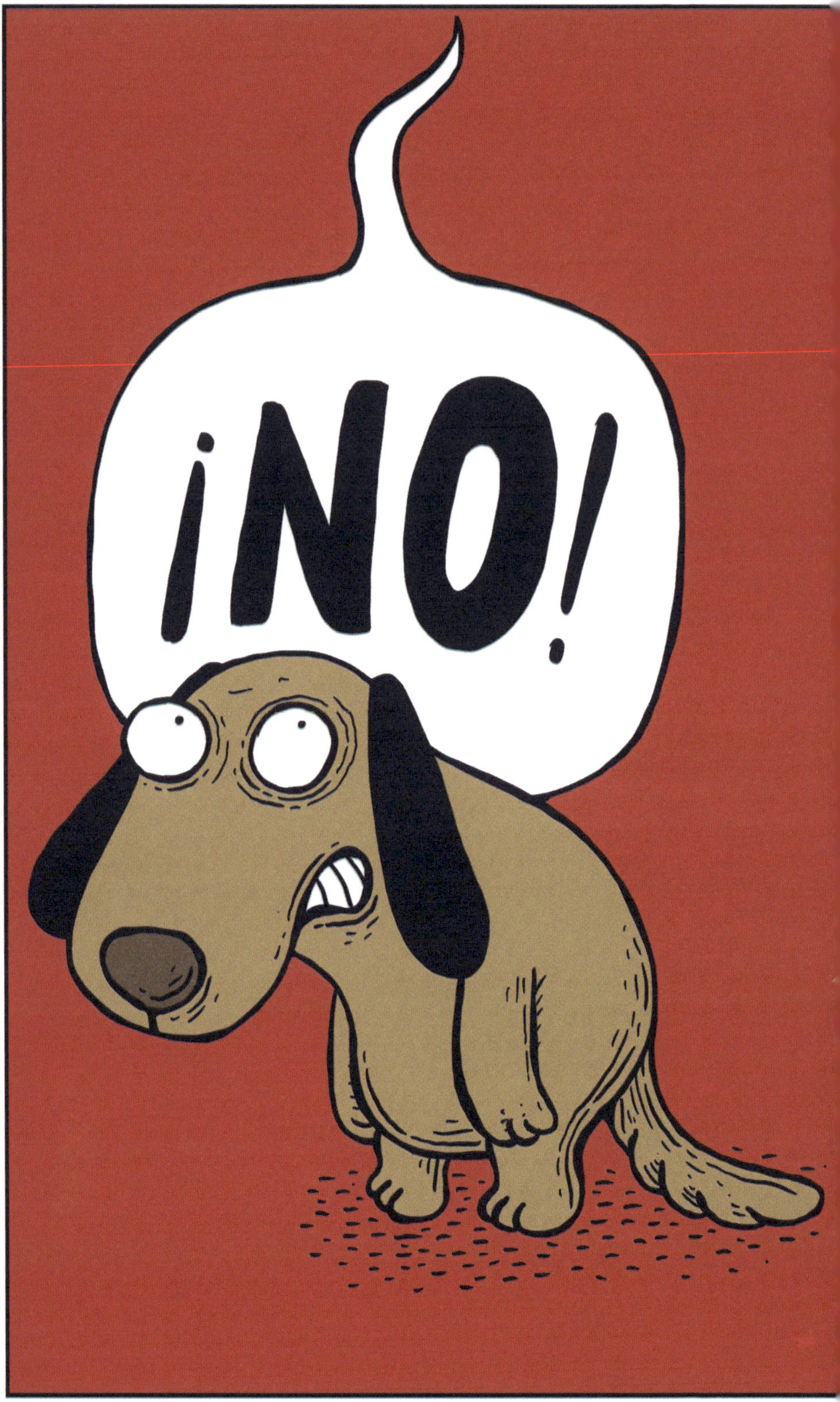
¡NO!

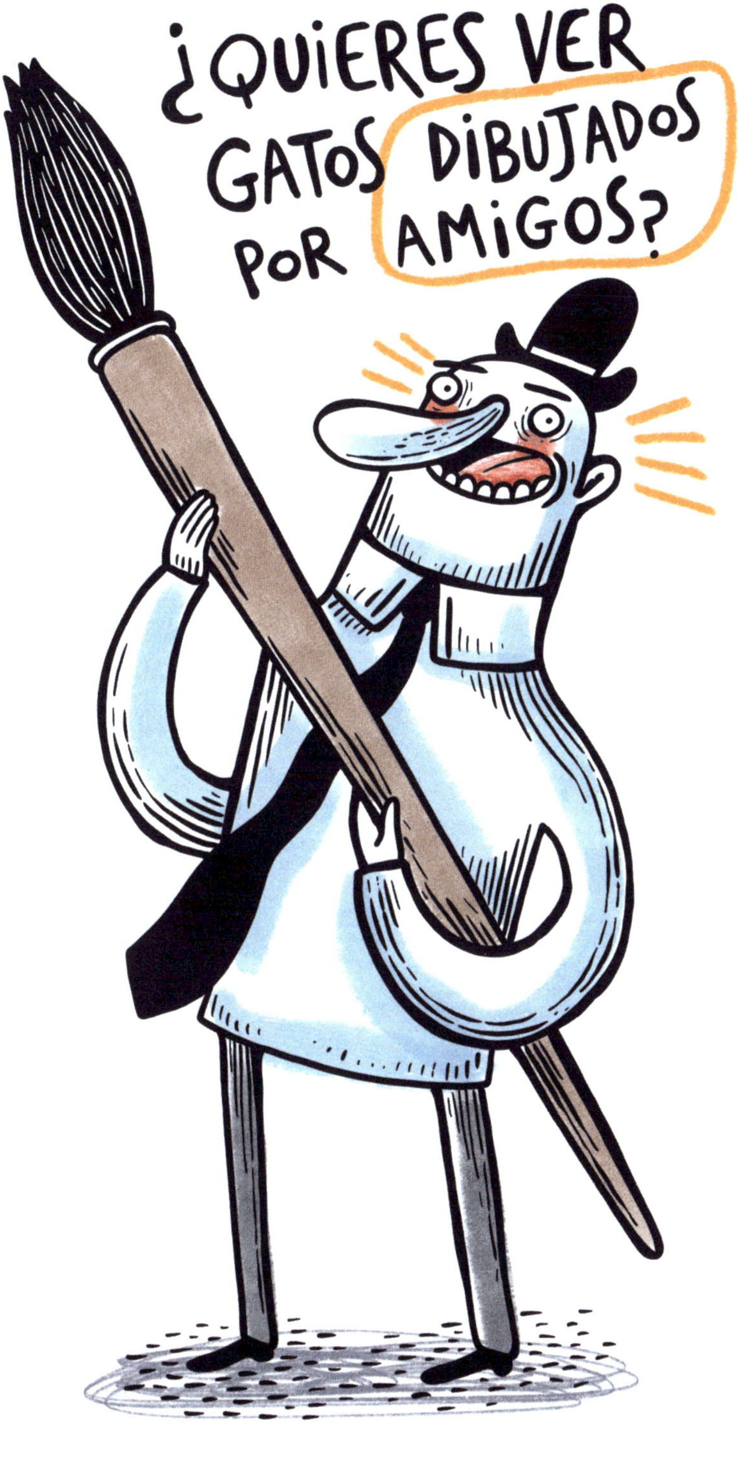
¿QUIERES VER GATOS DIBUJADOS POR AMIGOS?

Liniers

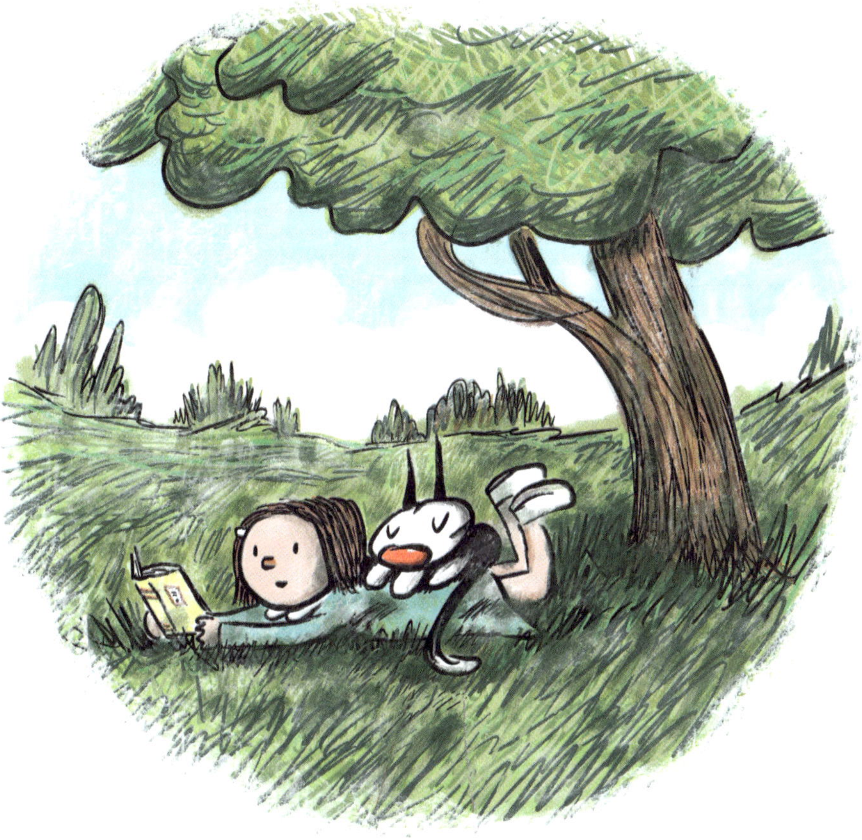

María Hesse

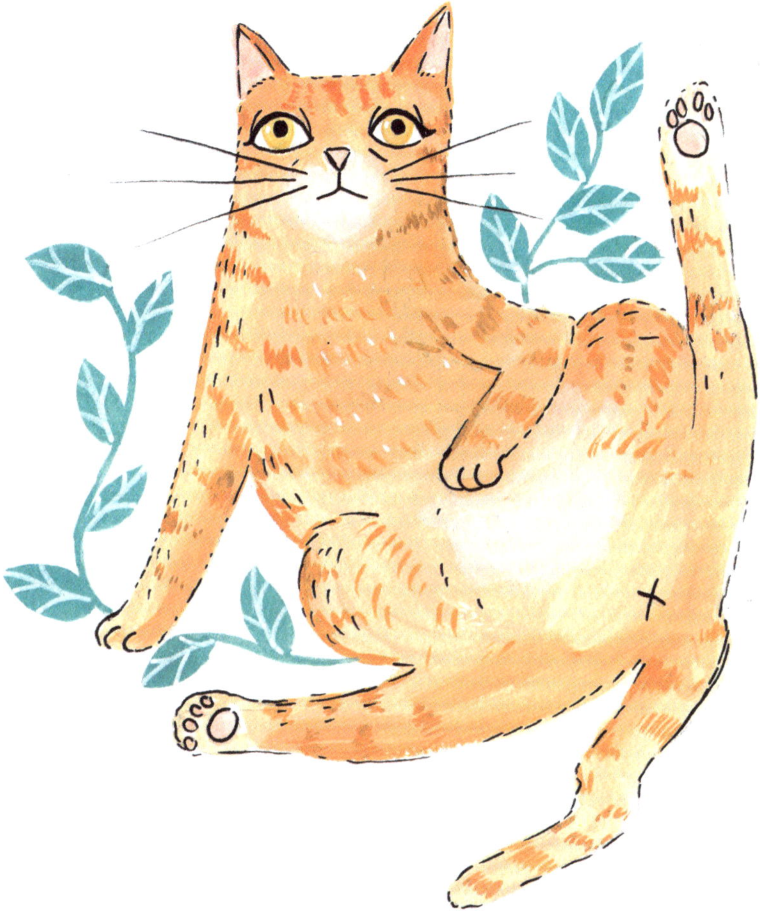

Flavita Banana

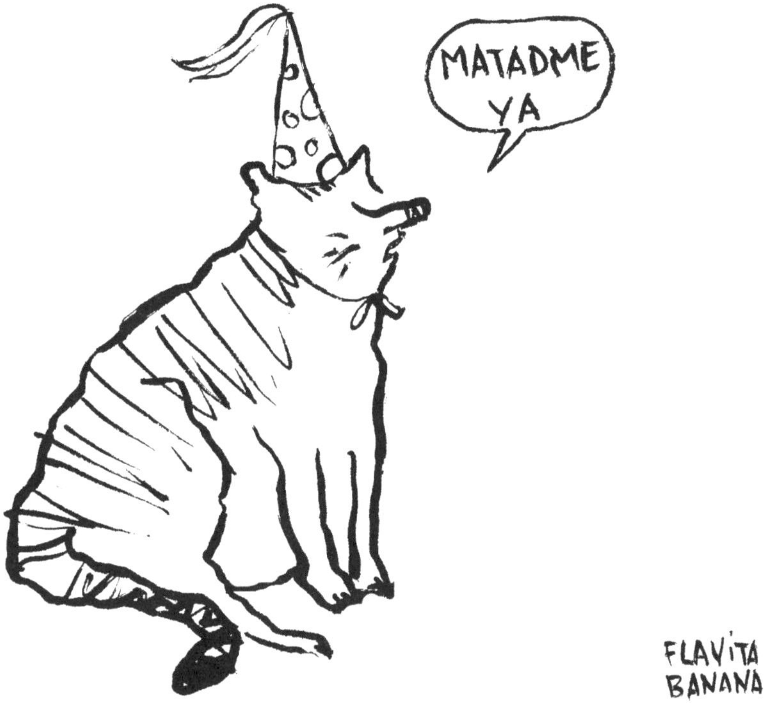
MATADME YA
FLAVITA BANANA

Juanjo Sáez

ODIO A LOS GATOS

Me dan alergia, no es nada personal

Juanjo Sáez

Lula Gómez (Eres una Caca)

lula.

Miguel Gallardo

Cat passport

Raquel Riba Rossy (Lola Vendetta)

ES UN ALIVIO QUE LOS HUMANOS SOLO TENGAN UNA VIDA ¿CIERTO?
RAQUEL RIBA ROSSY. (O LOLA VENDETTA)

Malaimagen

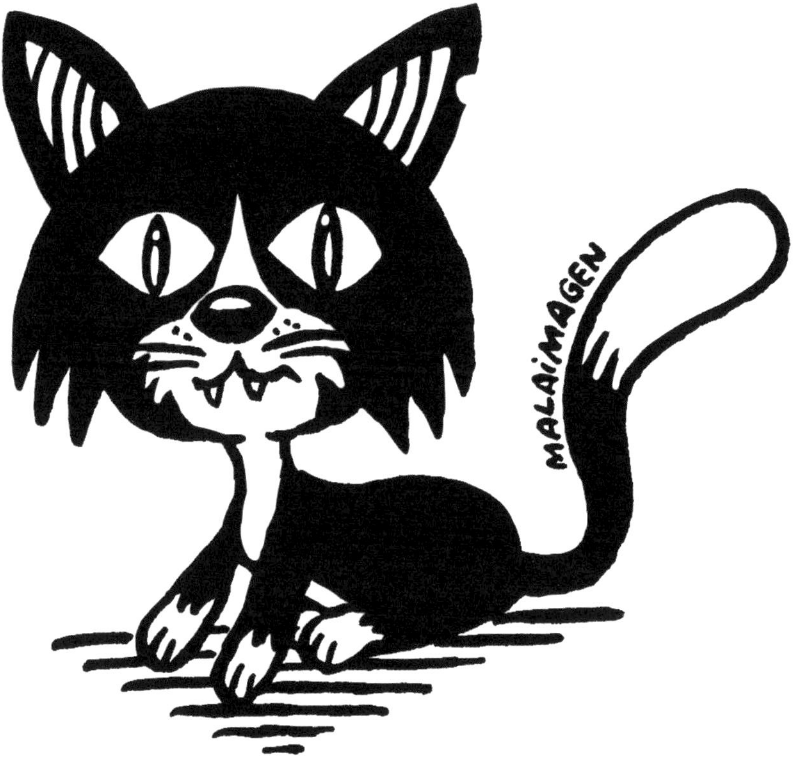
MALAiMAGEN

Laura Varsky

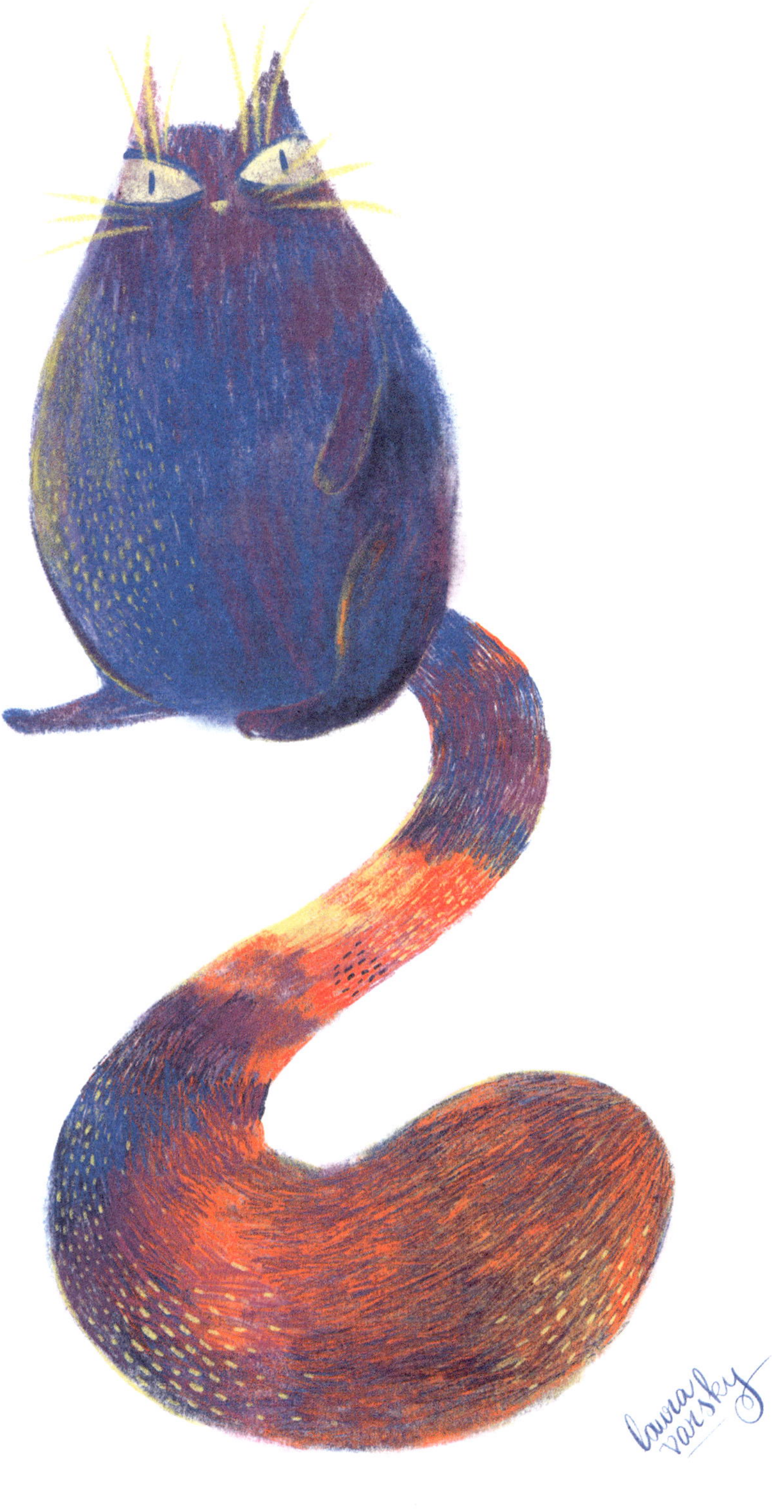
laura varsky

Francisco Javier Olea

PSST, GATITO, MIRA LO QUE TE TRAJE PARA QUE TE ENTRETENGAS.
Olea

Raúl Orozco (Raeioul)

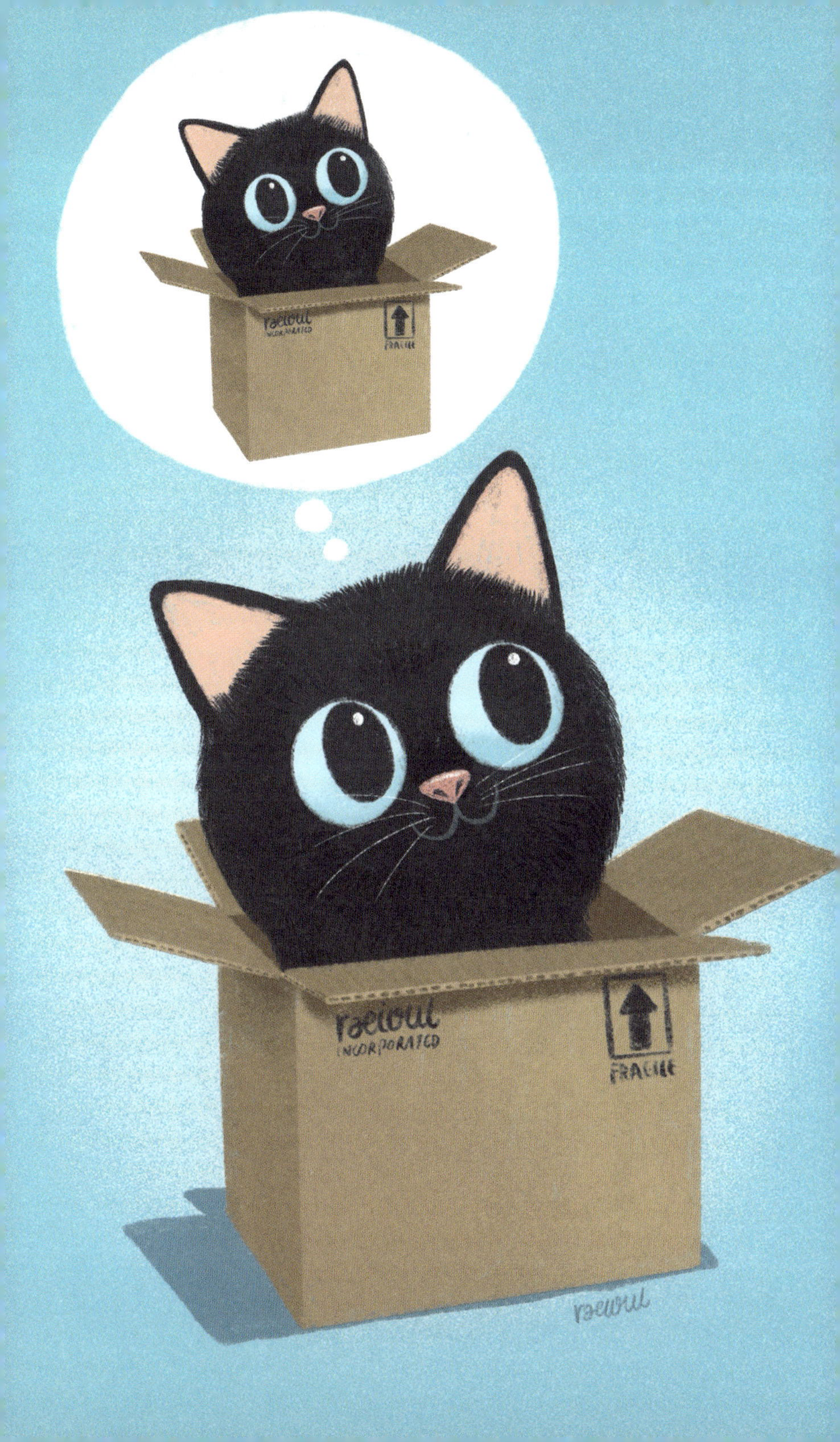
INCORPORATED
FRAGILE

Decur

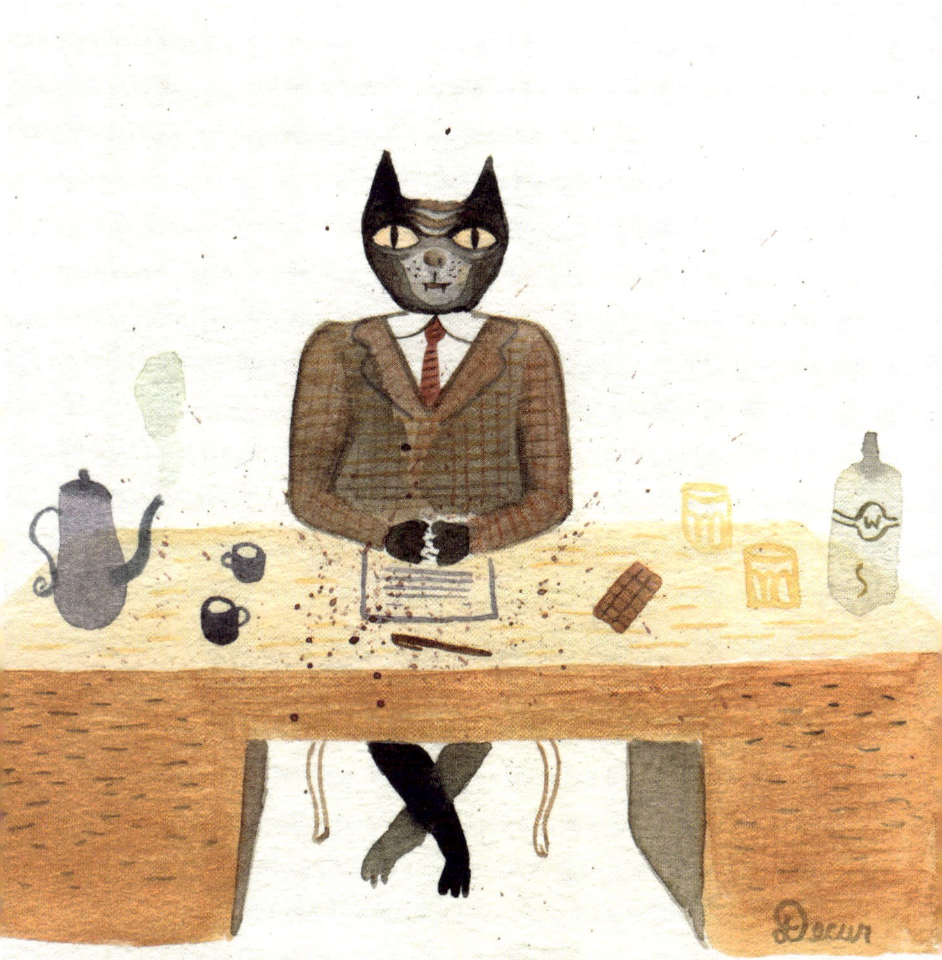
W

Fabián Rivas

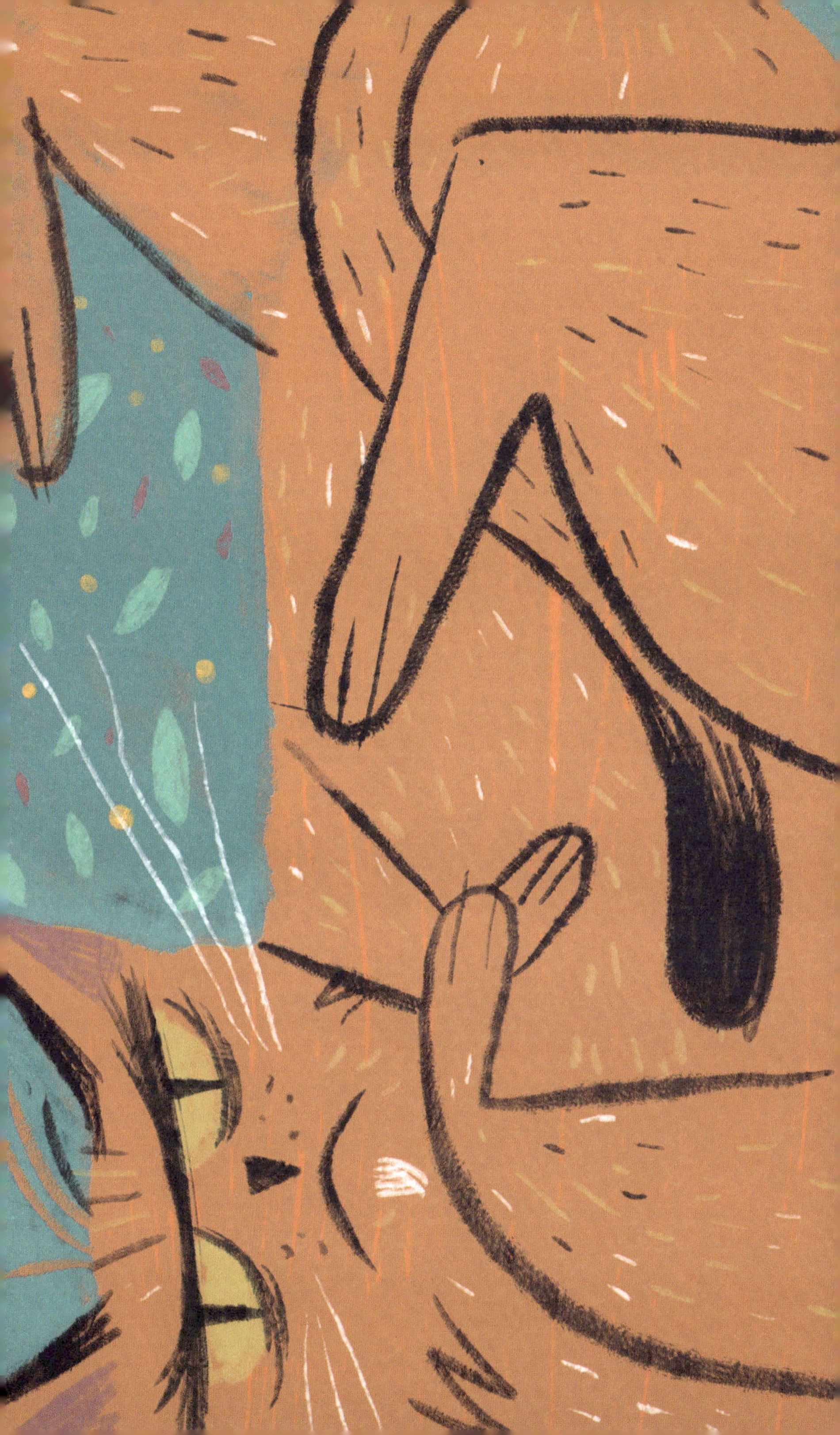

Cata Bu

SON
RAROS
LOS GATOS

BOTAN
COSAS

Cristian Turdera

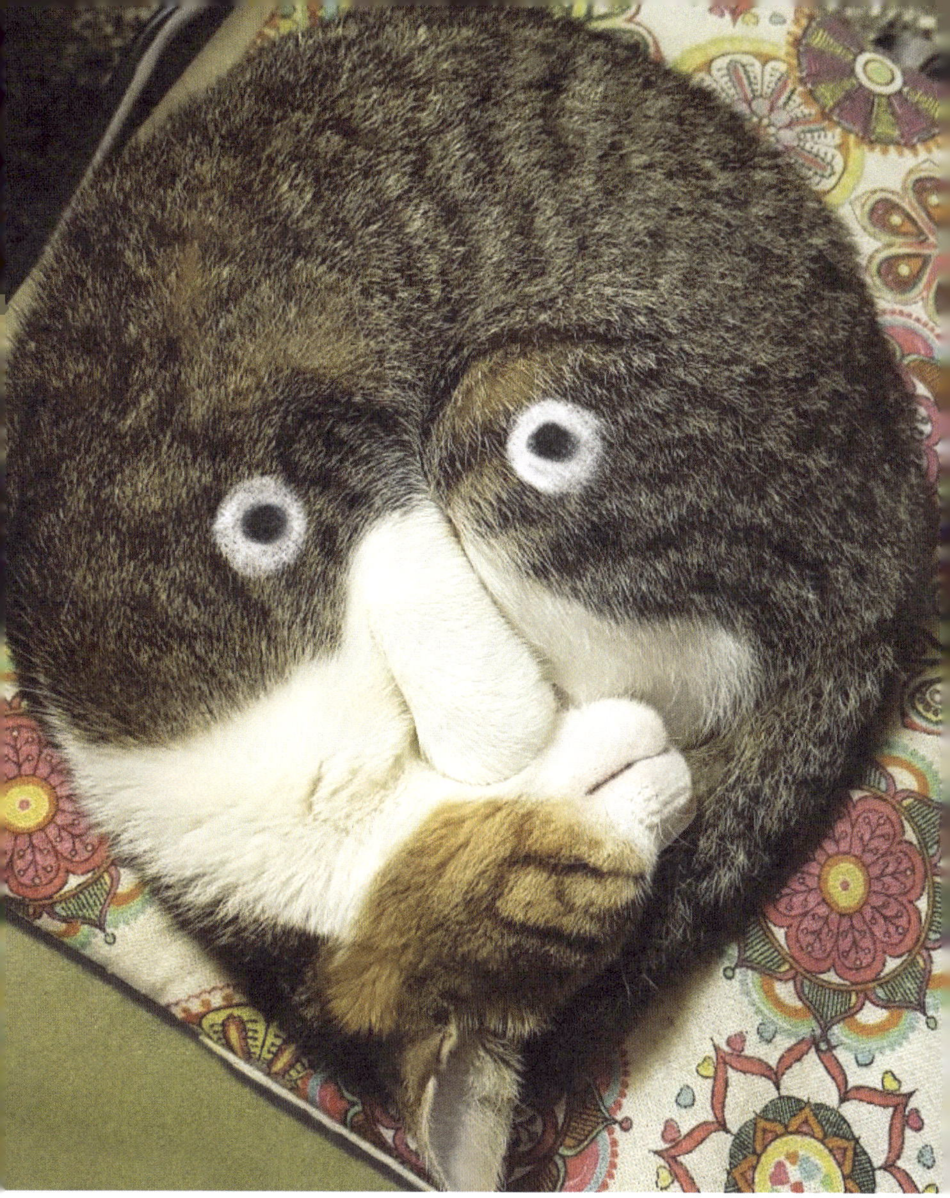

Paloma Valdivia

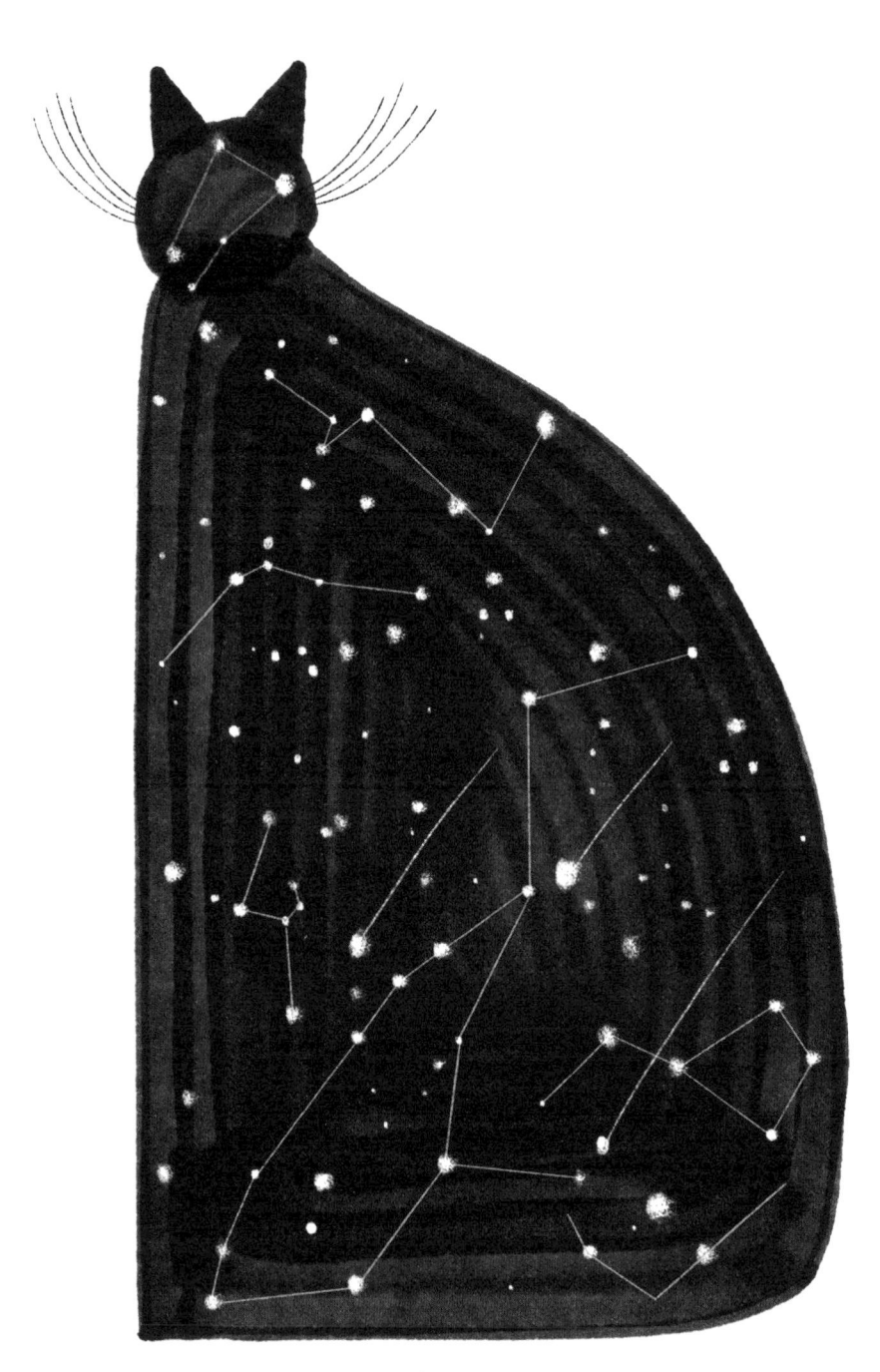

Gato Negro

Bef

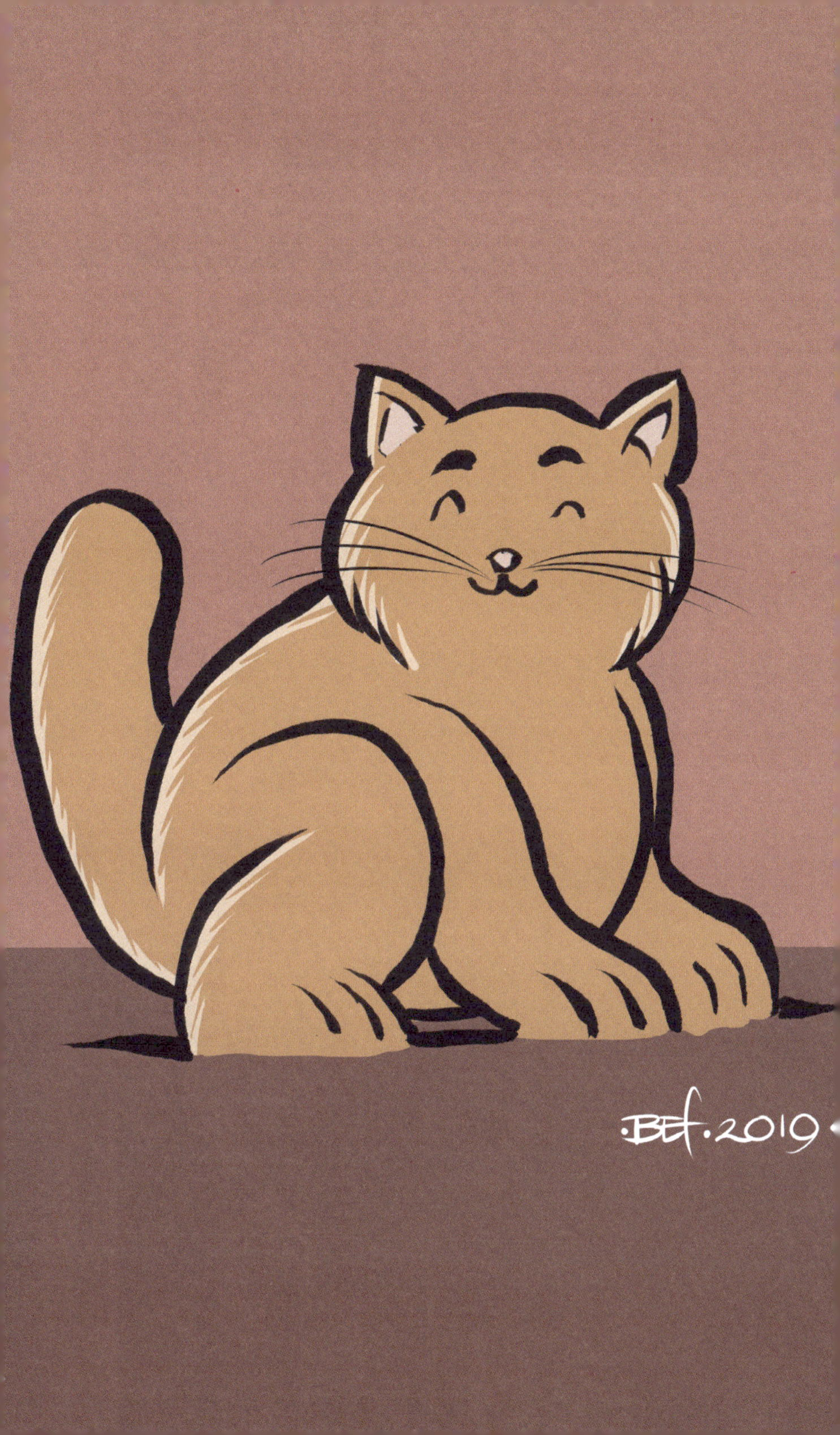
·BEf·2019·

Laura

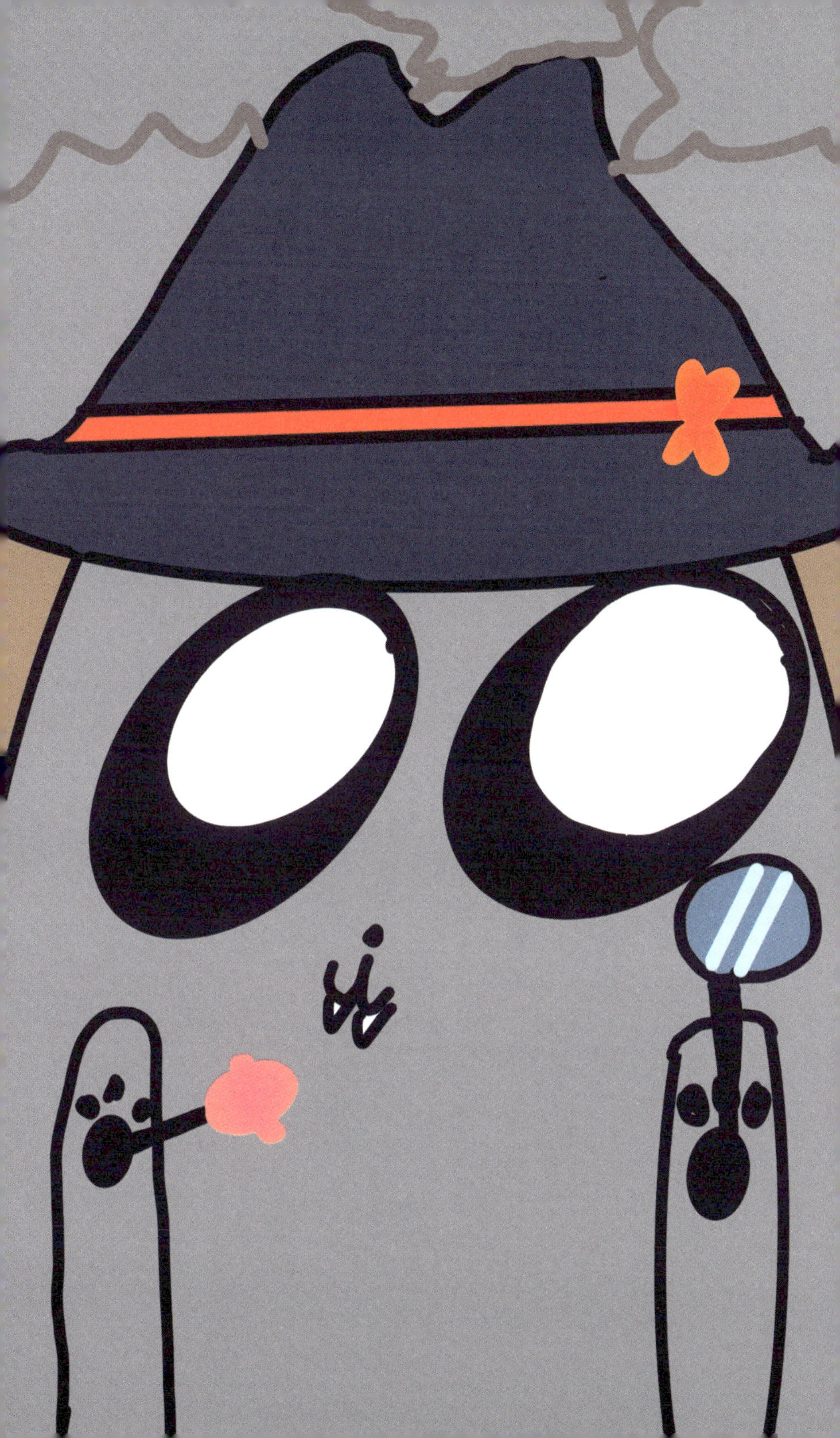

Muchas gracias a mis mecenas.

Nina Guzmán, Gustavo Adolfo Delgadillo Santos, Daniel García-Gil, Magdalena Díaz, Cristina Alucema, Lorena Araya, Alejandra Castro Leyton, Ana Carou, Óscar Lucero, Rodolfo Javier Gálvez Meza, Paula Fernández Andrade, Paula Gajardo, Mario Cornejo, Giuliano Cereghino, María Paz Donoso Turpaud, Giorgio Carniglia Campana, Fabián Morán.

Osjes Quiñones, Francisco Bravo Medici, Jorge Rojas Reyes, Cecilia Noguera, Fernando G. Castillo, Gabriela Jara, Gaia Antezana, Catalina Restrepo, Angie Garita Lizano, Andrea D'vries, Ricardo Caro, Ana María Masías, Ricardo Urzúa, Daniel Del Águila, Vanessa Celiz Mendiola, Rodrigo Rojas, Pablo Ulloa Valenzuela, Carolina Muñoz Rojas, Maca Oliva, Felipe Cortés, Lidia Hernández, Azucena Zapata Rivera, Fahra Smith, Verónica Solís, Pilar Díaz, Manu Miranda, Natalia Villarroel, Andrea Astudillo, Marcela Merino Vásquez, María Paz Rojas, Juan Gómez, Daniela Parraguez, Paul Gómez, Nata Cárdenas, Carola Silva, Susana Ospina, Coral González, Fabio Yáñez, Miguel Leyton, Adriana Díaz, Francisco Moretta, Rodrigo Ramírez, Felipe Abarzúa, Rodrigo Chiong, Leonardo Reyes, Jennifer Martínez Ortiz, Ana María Alarcón, Cristian Soto Vargas, Nati Sapello, Eduardo Ibáñez Neira, Carolina Valderrama Leal, Vaguilator, Raúl Ceballos, Perla Espinosa, Macarena Vergara, Carmen Espinoza Hinojosa, Gerardo Mercado Silva, Ana María Rojas, Rocío "hidracina", Cristóbal Pérez, David Rojas-León, Natalie Bonaparte, Ricardo Beltrán, Ricardo Álvarez Canales, Laura Girón, Sandra Acero, Francesca Bello, Nicolás Lira, Jorge Ramírez, Jorge Cienfuegos Silva, Carolina Flores, Fabián Flores.

Mane Venegas, Laura Paz Cerda, Claudia Tejos, Juan Carlos Torres, Lucía Rostro, Atahualpa Quintero, Andrés Madrid Soto, Karla Macoto, Benjamín Vicuña, Andrea Meneses, Alex Oporto Pino, Santiago Alonso Domínguez, Gerardo Cortés, Medejean, Lorena Ibacache, Claudia Concha Anguita, Paola Castrillón Mejía, Paula Andrea Ayarza Olivares, Carlos Granados, Canela Ayala, Cristian Berríos, Sara Zapata Pareja, Marcos Schejtman, Diana Marcela Giraldo Botero, Eugenio Retamal Iturra, Yanni Cortés, Natalia Gaete, Mary Vargas, Patricia Carolina Ocares Urra, Cinthia Avellaneda, Tihara Jaque, Carlos Antonio Balbuena Quiroz, Patricia Alarcón Vaccarezza, Judith Salazar, Chinex Delgado, Loreto Ramírez, Wilson Rojas Abarca, Mafer Cassis, Eugenia Espinoza, María Eliana Simón-Valenzuela, Felipe Castro, Fabián Idrovo, Andrés Ávila Águila, El perro de tela, María José Ferrel Solar, Natalia Andrea Massoglia Jara, Mauro Caimi Órdenes, Martín Arias, Esteban Suárez, Ana Laura Caorsi, Eddy Fonseca, Vanessa Sanabria, Adriana Castillo, Anto Gurizatti, Randy Hyland, Carlo Ruiz Giraldo, Constanza Couve, Ricardo González, Pilar Hernández, Daniela Donoso Pino, Marisol García, Atzimba Baltazar Macías, Pedro Doren, Joaquín Velásquez, Pocho León, Ximena Valencia, Mariella Villanueva, Rocío Núñez Castellanos, Luis Herrera, Maris Valenzuela, Nicolle Fuentealba, Valentina Valenzuela, Laura Gutiérrez Quintal, Paula Cereceda, Olga la Bella, Leo Latorre Melán, Jaime Villa, Ana Luna, Antonella Estévez, Lorena Obando, Harumi Alvarado, Tadashi Caqueo, Lala Ocampo, Laura Roldán, Diana Contreras, Larissa Otero, Sara G. Castro, Pastoscar, Jeannette López, Francisca Morales, Vanessa Torres Reyna, Carolina Lleuful, Julián Fernando, Liza Videla, Andrea Soto, Fabrizzio Bruno, Consuelo Rodríguez Mackenna, Alejandra Nava Jáuregui, Elena Davet Pavlov, Ivy García-Pacheco Montoya, Daniela Pollak, Pamela Eurel Delgado, Cecilia Mazzeo, Angie Fajardo, Latz, Claudio Álvarez, Claudia Lagos, Diego R. Zagals, Cristina Correa Freile, Diana Melamet, Angélica Ruiz-Tagle, Daniel Barría, Jules Hm, Avelina Zimbrón, Mónica Ruiz, Melissa Agudelo Fornaris.

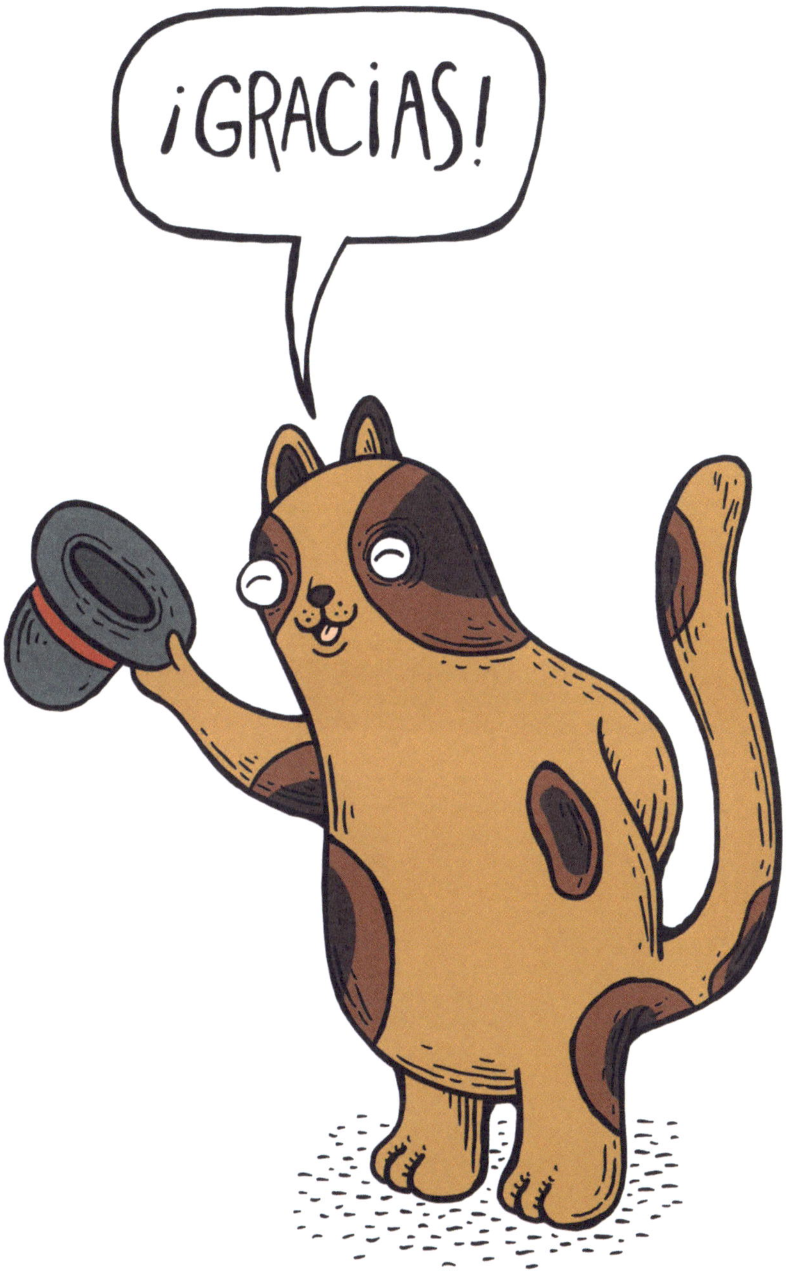
¡GRACIAS!

temas de hoy